農家直伝 たくさんとれた野菜の 保存と料理

家庭菜園の収穫のコツから、 ムダなく味わうレシピまで

育てた野菜を長く楽しむ

監修●加藤正明　著者●池上正子

収穫の タイミング　長持ち 保存法　おいしい 料理 レシピ

永岡書店

CONTENS

part 1 春夏野菜

part 2 ハーブ

本書の使い方

本書では、野菜ごとに収穫方法と保存方法、たくさん食べるためのレシピを紹介しています。各ページの内容は、以下のようになっています。

適期

種まき、植えつけ、収穫の適期を記しました。主に中間地（関東甲信、福井県、東海、近畿、中国、九州北部）を対象にしたものです。ただし、あくまで目安で、地形や天候などの条件で前後します。寒冷地、暖地は、種袋や苗の表示を参考にしてください。

保存・利用方法の種類

それぞれの野菜のページで紹介している方法を示しています。

収穫のコツ

家庭菜園での収穫適期の目安や収穫方法を紹介しています。

プロの技！

栽培に役立つ、プラスアルファの情報です。

保存・利用方法

それぞれの野菜に適した保存方法や利用方法を掲載しています。以下の種類を設けています。

常温保存　冷蔵保存
冷凍保存　加工品
おかずの素
乾燥保存　漬けもの

保存期間の目安

それぞれの状況で保存した場合の保存期間の目安です。保存期間は個々の条件で変わるため、あくまで目安です。

おいしく食べるためのひと言アドバイスです。

おかずの素

さまざまにアレンジ可能な作りおきレシピです。おすすめのアレンジレシピも紹介しています。

消費レシピ

たくさんとれた野菜をたっぷり食べるためのおすすめレシピです。

冷凍野菜を使ったレシピ

冷凍保存で掲載した冷凍野菜を使ったおすすめレシピです。

この本のきまりと注意事項

・大さじ1は15cc、小さじは5cc、米1合は180ccです。mℓとccは同量です。
・とくに表記のない場合は、洗う、皮をむく、種を除く、きのこの石づきをとるなど、材料の下ごしらえをすませてからの手順です。
・加工品やおかずの素を保存容器からとり出す際は、必ず清潔な箸やスプーンを使用してください。指でつまんだり、口に入れた箸を使ったり、複数の料理に使い回したりすると、雑菌が入る原因となり保存期間が短くなります。

4

野菜名50音順
さくいん

料理名
さくいん

収穫方法の基本

野菜のおいしさは、収穫のタイミングにも大きく左右されます。
基本的な収穫の方法と収穫後の処理の方法をご紹介します。

実もの野菜

果実を食べる野菜で、枝やつるにぶら下がるようになります。
ハサミで切りとって収穫します。

ハサミで
カット！

ハサミで
カット！

収穫後は…

傷つかないように
持ち帰る

基本的にはみずみずしい
若どりがおすすめ

　なす、ピーマン、きゅうりなど、実ものの野菜は、実の大きさや色、または開花後の日数などで収穫時期を判断します。基本的には、まだ若い実が、やわらかくてみずみずしさもありおいしいものです。枝に長い期間つけたままにしておくと、みずみずしさがなくなってすじっぽくなったり、皮に亀裂が入ったりしてしまいます。また、実は栄養を多く必要とするため、株も疲れてしまいます。早めに収穫したほうが、次の実も充実するので、思い切って早めに収穫するのがおすすめです。

　収穫後、持ち帰る際には、傷ついたりつぶれたりしないよう、保存容器やかごなどに並べて入れたり、新聞紙などで包んだりするのが理想です。

根菜類

地下に育つ根や地下茎を食べる野菜で、引き抜いたり、
掘り起こしたりして収穫します。

まっすぐ上へ
引き抜く

収穫後は…

枯れた葉は
畑でとり除く

根元を持って
まっすぐ上へ引き抜く

　地上に出ている葉や胚軸（はいじく）の様子や、種まき後の日数で収穫時期を見極めます。とり遅れるとスが入ったり花芽がついたりするので、タイミングを逃さないようにします。

葉はすぐに
切り落とす

葉もの野菜

葉や茎を食べる野菜で、ブロッコリーなど花蕾（からい）を食べるものもあります。

［青菜類］ ほうれん草、小松菜、水菜、春菊、モロヘイヤなど

引き抜く

切りとる

葉先をカット

収穫後は…

乾燥を防いで持ち帰る

若々しい葉をどんどん収穫！

　背丈や種まき後の日数で、収穫時期を判断しますが、間引き菜など、大きくなる前でもベビーリーフとして楽しむことができます。若い葉のほうがやわらかくておいしいので、適期が近づいたら早めに収穫しましょう。

　収穫後は乾燥に弱いので、さし上げたり長時間持ち歩くようなときは、鮮度保持袋に入れるとよいでしょう。

［結球する葉菜、花蕾を食べる葉菜］ キャベツ、白菜、ブロッコリーなど

根元を切る

根元を切る

収穫後は…

余分な葉は落とす

切り口をきれいに

根元から包丁で切りとる

　キャベツや白菜は、結球した葉がかたくしまっていたら収穫できます。ブロッコリー、カリフラワーは、花蕾が15〜20cmになったら収穫を。蕾（つぼみ）が開くと味が落ちるので、適期を逃さないで。

　ともに、つけ根の部分を包丁で切り落とします。畑に残った葉や茎は枯れたら処分します。

残った葉はカット

茎には切り目を入れる

9

保存方法の基本

収穫した野菜は、それぞれ適した方法で保存しましょう。
保存の仕方の違いで、味にも、持ちにも差が出ます。

常温保存

常温とは15～25℃程度。風通しのよい、
直射日光の当たらない場所での保存をいいます。

かごに入れて

実もの野菜は蒸れないように、ざるやかごに入れておく。未熟なトマトは常温で完熟させる。

切り口を水につけて

ブロッコリー、カリフラワーは、切り口を水につけて立てておけば、数日は常温でOK。

水にさして

枝で収穫するしそやハーブは、水にさして摘みながら使うのがおすすめ。香りが維持できる。

ぶら下げて

湿気を嫌う玉ねぎやにんにくは、ネットなどに入れてぶら下げる。しっかり乾燥させて。

紙袋や新聞紙に包んで

裸のままおくと水分の蒸発が進むので、通気性のある紙類で保護。湿気のこもるポリ袋は×。

風通しのよい場所におき、密閉保存はＮＧ

低温に弱いいも類や根菜類は、丸のままの常温の保存が適しています。洗わず、泥つきのままにすると鮮度が落ちません。さらに長ねぎやごぼうなどは、立てておくのがベター。収穫後も畑と同じ状態におくことで、鮮度の低下を遅らせることができます。

暑い季節に収穫する実もの野菜も寒さに弱いもの。室内が高温でなければかごなどに入れて涼しい場所へ。湿気に弱い玉ねぎやにんにくは、ぶら下げて保存します。

いずれにしても、常温でのポリ袋や保存容器などの密閉保存はＮＧ。湿気が出て傷みやすくなります。

立てて冷暗所におく

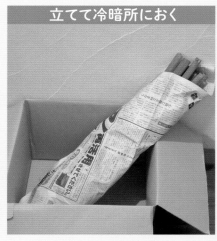

紙で包み、畑で生育しているときと同じように立てておく。風通しのよい冷暗所で保存。

冷蔵保存

冷蔵庫での保存を指しますが、基本的には
5〜10℃の野菜室で保存します。必ず袋に入れて。

そのまま保存袋へ

口の閉まる保存袋に入れ、乾燥を防ぐ。袋に入れずに冷蔵すると、しなびたりするなど、劣化が早い。

しまいやすく切ってラップに包んで

野菜室に入る大きさに切って保存する場合は、切り口を保護するためにラップをかけてから袋に入れるか、ラップで包む。

必ず保存袋に入れて
鮮度をキープ

　鮮度が落ちやすい葉ものや豆類などは、冷蔵保存が基本。野菜は収穫後も呼吸をし、生長していて、そのためにエネルギーを使うことで鮮度が失われていきます。低温におくほうが呼吸が抑えられ、生長も抑えられるのです。冷蔵庫では、乾燥を防ぐために保存袋やポリ袋に入れて保存します。さらに、カットした野菜は乾燥しやすく、また傷みやすいので、切り口にラップをかけます。

　厚みのない青菜類はとくに乾燥しやすいので、ぬらしたペーパーに包んでから保存袋へ。逆に水けがあると傷みやすい実もの野菜は、乾いたペーパーをいっしょに入れて湿気を吸収させます。

わたをとってラップに包んで

やわらかいわたはとても傷みやすいのでとり除く。

切り口はラップでしっかり包む。

水けをとってペーパーとともに保存袋へ

野菜の水けをしっかりふきとる。

乾いたペーパーを保存袋にいっしょに入れる。

**水けがあると
傷みやすい野菜**

・ピーマン
・きゅうり
・オクラ
・にんじん

　　　　など

ぬらしたペーパーで包んで保存袋へ

青菜類は、根元をぬらしたペーパーで包むとよい。

さらに全体をぬらしたペーパーで包んで保存袋に入れるとベター。

乾燥を嫌う野菜

・小松菜
・ほうれん草
・にら
・セロリ　など

冷凍保存

野菜の多くは生のまま冷凍保存が可能。
使いやすく切って冷凍すると、調理が楽になります。

丸のまま

葉を広げて

すりおろして

ゆでて

ソースにして

使いやすく切って

＼食べやすい長さに／

＼くし形切り／

＼小口切り／

＼薄切り／

＼細切り／

ゆでてつぶして

スープにして

空気をしっかり抜いて平らにして保存

　収穫後、すぐに食べきれないときには、冷凍保存をするのもおすすめです。ほとんどの野菜は生のまま冷凍することができます。

　使うときにそのまま加熱できるよう、切ったりすりおろしたりして、冷凍用の保存袋に入れて冷凍庫へ。場所をとらず、立てても入れられるように、できるだけ平らにするとよいでしょう。また、右ページのように空気をしっかり抜くのもポイント。酸化と乾燥を防ぎ、鮮度をキープすることができます。

　生での冷凍が向かないのは、アクが強いほうれん草、歯ごたえを楽しみたいスナップえんどうなど。ほうれん草は、ゆでてアク抜きをしてから冷凍します。また、野菜によってはゆでてつぶしたり、ソースにしたりなど、加工してから冷凍しても便利です。

冷凍方法の基本

❶ ペーパーではさんでたたくようにして水けをしっかりふきとる。水けがあると霜がつき、野菜のうまみが失われる。

❷ 冷凍用の保存袋に入れ、ファスナーを閉める。はしを2cmほど開けておく。

❸ 平らにならして抑え、空気を抜く。

❹ 袋の底からくるりと巻きながら、ぐっと中の空気を押し出していく。

ぐっと押して空気を出す

❺ 最後に空気をギュッと押し出し、ファスナーをはしまで閉める。平らにならし、冷凍庫へ。

この状態で冷凍庫へ

冷凍野菜の使い方

そのまま加熱

肉を炒めたところ、煮汁を煮立てたところなどに加える。鍋やフライパンの中が、熱い状態のところに入れるのがポイント。

葉を割って加熱

レタスやキャベツなどの大きな葉は、袋の上から折って割ったり、もんでほぐしたりしてから加熱。

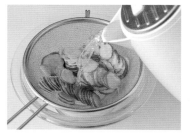

湯をかけて解凍

きゅうりやみょうが、玉ねぎ、かぶなどを火を通さずに食べるときは、湯をかけて解凍し、あえものやサラダに。

使う分を切って加熱

丸のまま冷凍した小松菜やにらは、汁ものや炒めものの色どりに。ハサミで切りながら加えるとよい。

凍ったまま加熱するのがおすすめ

　冷凍すると細胞が壊れるので、冷凍した野菜は解凍するとやわらかくなり、味が入りやすく、火の通りも早くなります。使うときは、電子レンジなどでわざわざ解凍する必要はなく、凍ったまま鍋やフライパンに入れて加熱するのがおすすめです。

　切ったトマトやきゅうり、かぶなどは、凍ったままポン酢やドレッシングをかけて自然解凍すればマリネになります。

乾燥保存

腐敗の原因の水分がなくなるので長期保存が可能。
野菜のうまみや栄養が凝縮されます。

干す前に熱湯消毒

乾きにくいものは干す前に消毒を。切った野菜を熱湯にさっとくぐらせる。

ざるにとって広げ、水けをきってから干す。

清潔な容器で保存

　野菜を干すと水分が減って、うまみや香りが強くなります。

　天日干しは、通気性のよいざるや網に入れて風通しがよく日当たりのよい場所におき、湿気のふえる夜や雨天のときは室内にとり込みます。切り口が多いと乾燥しやすく、反対に大きく厚みがある場合は乾きにくく途中でカビが生えたりすることがあるので、干す前に熱湯消毒するのがおすすめです。

天日干し

ざるや干もの用の網に入れて風通しのいい場所で干す。

電子レンジ加熱

重ならないようにクッキングシートなどに並べて様子を見ながら加熱する。

加工品

調味料に漬けたり、調味料とともに煮詰めたりしたもの。
清潔な容器で保存します。

容器の煮沸消毒の方法

深さのある鍋に、水と容器、ふたを入れて火にかける。沸騰してから5分以上、煮沸する。

ペーパーを敷いたバットなどにとり出し、自然乾燥させる。ふきんでふかないこと。

風通しがよい場所で
湿気に気をつける

　野菜の加工品とは、長期保存できるにんにくやとうがらしのオイル漬けやしょうゆ漬け、トマトケチャップ、ゆずこしょうなどの調味料など。本書では漬けもののカテゴリーに入れていますが、しょうがの甘酢漬けや、ピクルスなどの漬けものも加工品の一種です。カビや腐敗の予防に、清潔な容器に入れることがいちばん大切です。

容器のアルコール消毒の方法

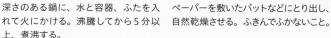

ホワイトリカーや焼酎など、度数の高いアルコールを入れる。

ふたをして、内部にまんべんなくアルコールを行き渡らせ、アルコールを捨てる。

part 1

春夏野菜

春から夏に収穫する野菜の、収穫のコツと保存、
たっぷり食べるためのレシピを紹介します。
暑い季節にぐんぐん生長し、みずみずしく実った
野菜を惜しみなく食べつくしましょう。

トマト・ミニトマト

植えつけ　　4月下旬〜6月上旬
収　　穫　　6月下旬〜9月下旬

常温　冷蔵　冷凍　加工品　おかずの素

収穫のコツ

1番目に咲く花の実を大事に育成

　第1花房（最初につく花の枝）の実がつかないと、茎や葉ばかりが茂り、実に養分が届かずに生育が悪くなる「つるぼけ」になります（とくに大玉トマト）。確実に実がつくように、第1花房に花が3〜4輪開いたら、指で花房のつけ根を軽くたたいて人工授粉をします。

実を充実させるには肥料が必須

　実の数、質ともに充実させるには、肥料が欠かせません。植えつけ1か月後から、追肥を施します。2〜3週間に1度のペースで1㎡あたり40〜50gの化成肥料をまき、土と混ぜます。株のすぐ下ではなく、根の生長に合わせて、根が伸びる先、畑なら畝の外、通路の部分にまくようにすると効果的です。

大玉トマトは1房3〜4個で育てる

　大玉トマトは、実を大きくするためにひとつの花房に実が5個以上ついたら小さい実をとっ

て3〜4個にします。ただし、全体の花数が少ない場合はそのままでもかまいません。

収穫の時期はトマトの色で判断

　収穫の目安は、ミニトマトは実が色づいたら、中玉トマトはへたの近くまで色づくころ、大玉トマトは赤く熟したら収穫適期です。ひとつずつ、手でもぎとるか、ハサミで切りとります。ミニトマトは房ごととってもよいですが、根元と先のほうでは熟す時期が違います。色づく前の未熟な実があったら、常温保存で追熟させます。また、実が色づき始めると、鳥に狙われることがよくあります。被害に遭いそうなときは、果房にネットをかぶせるとよいでしょう。

色づいたら順に収穫を。ハサミでひとつずつ切りとる。

収穫したトマトは、傷ついたりつぶれたりしないよう、ふたのある容器などで持ち帰るとよい。

プロの技！

**ひとつの苗から
たくさん収穫する寝かせ植え**

　トマトの茎を地面につけて植える「寝かせ植え」をすると、茎からも根がたくさん伸びて丈夫になり、長期間収穫できます。中玉やミニトマトは、主枝とわき芽を1本残してV字形で育てる「2本仕立て」がおすすめ。

常温保存 　　1週間

鮮度がよいものは常温ＯＫ

収穫したばかりのトマトはかごなどに入れ、風通しのよい場所におきます。熟したものはなるべく早く食べるようにします。未熟で色づきの薄いものは、常温で保存し追熟させます。

かごやざるなどに入れ、直射日光が当たらない場所へ。

冷蔵保存 　　1週間

完熟トマトは冷蔵庫の野菜室へ

へたのつけ根まで赤くなった完熟トマトは、保存袋に入れて野菜室で保存します。冷やしすぎると糖度が下がるので、必ず野菜室で。切った大玉トマトはラップに包んで野菜室へ。

丸のまま保存するときは、へたを下に向けて。

冷凍トマトを使って

かき氷トマトの洋風ドレッシング

材料（作りやすい分量）
冷凍トマト（丸ごと）
…½個分
A ┌ オリーブ油
　　　…大さじ2〜3
　├ 酢…大さじ2
　├ 塩…小さじ⅓
　└ こしょう…少々

作り方
❶冷凍トマトはすりおろす。
❷Aの材料をよく混ぜあわせ、①のかき氷状のトマトを加えてさっとあえる。

冷凍保存 　　1か月

煮込み料理などに便利

冷凍したものは火にかけるとすぐに煮崩れて皮以外はほぼ残らないので、ソースや煮込み料理に。使いやすい大きさに切ってから冷凍すると調理がラクですが、丸のまま冷凍しても使い道は豊富です。

丸ごと冷凍

へたをくり抜くようにとってラップで包み、保存袋へ。ミニトマトはへたをとってそのまま保存袋に入れて冷凍。

利用法
●凍ったまますりおろしてドレッシングやつけだれに。冷奴やしゃぶしゃぶサラダにかけて。
●15分くらい常温におくと包丁で簡単に切れる。煮込みやソースに。

凍ったまますりおろして、ドレッシングやソースに。

ひと口大に切って冷凍

ひと口大に切り、保存袋に入れ、空気を抜いて冷凍する。

利用法
●凍ったままそうめんなどの汁に加え、氷代わりの薬味に。

くし形切りで冷凍

くし形切りにし、保存袋に入れ、空気を抜いて冷凍庫へ。

利用法
●凍ったまま、煮込みハンバーグやカレー、ラタトゥイユなどの煮込み料理に加える。

フレッシュトマトのスパゲティ

材料（2人分）
冷凍トマト（ひと口大）…3個分
にんにく…1かけ　赤とうがらし…1本
スパゲティ…160g　オリーブ油…大さじ3
塩、こしょう…各少々　粉チーズ…適量

作り方
❶にんにくはみじん切りにし、赤とうがらしは半分に切って種をとる。
❷鍋に湯を沸かし、塩大さじ1（分量外）を加えてスパゲティを袋の表示通りにゆでる（ゆで汁大さじ3をとり分けておく）。
❸フライパンにオリーブ油とにんにく、赤とうがらしを入れ、弱火にかける。
❹にんにくが色づいたら冷凍トマトとスパゲティのゆで汁、塩少々を加え、ふたをして中火にし、トマトが溶けてとろみがつくまで4〜5分煮る。
❺スパゲティを❹に加えてからめ、塩とこしょうで味をととのえ、器に盛って粉チーズをふる。

トマトソースを作って冷凍してもいいけれど、冷凍トマトを使ったこのレシピのほうがおいしいと喜ばれます。

鶏むね肉とトマトの煮込み

材料（2人分）
冷凍トマト（くし形切り）…2個分
鶏むね肉…1枚
A ┌ 塩、こしょう…各少々
　├ にんにくのすりおろし…1かけ分
　└ オリーブ油…小さじ1
片栗粉…大さじ2〜3
オリーブ油…大さじ1〜2
B ┌ トマトケチャップ、中濃ソース
　│ 　…各大さじ1
　├ オレガノ（ドライ、あれば）
　│ 　…少々
黒オリーブ（種なし）…10〜12個

鶏むね肉にほぼ火が通ったら、冷凍トマトをそのまま加える。

作り方
❶鶏むね肉は皮をとり除き、半分に切ってひと口大のそぎ切りにし、ボウルに入れる。Aを加え、手でもみ込み、片栗粉を加えてさらにもむ。
❷フライパンに肉を重ならないように並べ、オリーブ油を回しかける。ふたをして弱火で約8分焼く。
❸肉に焼き色がついたら裏返し、再びふたをして弱火で2〜3分焼く。
❹冷凍トマトを加え、ふたをして中火で2〜3分蒸し焼きにする。トマトが溶け始めたらふたを外し、Bを加え、とろみがつくまで煮込む。黒オリーブを加えてひと煮立ちさせる。

マッシュポテトにかけたり、きのこ類やごぼうを一緒に煮たり、ゆでブロッコリーを加えてもおいしいです。

加工品　1週間〜3か月

トマトジュース

やさしいみずみずしい味わいは、手作りならでは。
スープにしてもおいしいけれど、そのまま飲むのがいちばん！

※清潔な密閉容器に入れて、冷蔵庫で1週間、冷凍庫で1か月保存可能。

材料（作りやすい分量）
トマト（大）…4個
レモン汁または酢…大さじ½
塩、タバスコ（好みで）…少々

作り方
❶トマトは6〜8等分のくし形切りにする。
❷全ての材料をミキサーにかける。
❸ボウルにざるを重ね、②を入れてゴムべらなどで押しつけてこす。

切ったトマトをミキサーへ。レモン汁または酢、塩も加えてかくはん。

ざるでこして皮や種を除き、なめらかに。

トマトケチャップ

さわやかな口当たりにスパイスの風味が漂います。
卵料理や白身魚の料理にぴったり。トマトがたっぷりとれたら、ぜひ！

※清潔な密閉容器に入れて、冷蔵庫で1か月、冷凍庫で3か月保存可能。

材料（でき上がり約500g分）
トマト（中）…6〜7個（約1kg）
玉ねぎ…½個　りんご…¼個
にんにく…2かけ

A
ローリエ…1枚
赤とうがらし…1本
クローブ…1粒
シナモンスティック…½本
セージパウダー…小さじ½

B
砂糖…大さじ½
塩…小さじ2
こしょう…少々
酢…大さじ2〜3

作り方
❶トマト、玉ねぎ、りんごはざく切りにする。にんにくは半分に切る。全ての材料をミキサーにかける。
❷鍋にざるを重ね、①を入れてこし、繊維や皮、種を除く。
❸弱めの中火にかけて、半量になるまで煮詰める。
❹Aを加えて約10分煮たらBを加え、好みのかたさになるまで煮詰める。

簡単ガスパチョ風冷たいスープ

トマトジュースを使って

材料（2人分）
トマトジュース…200cc
きゅうり…½本
玉ねぎ…¼個
にんにく…½かけ
塩、こしょう…各少々
A
オリーブ油…大さじ1
酢…大さじ1

作り方
❶きゅうり、玉ねぎ、にんにくはすりおろす。
❷ボウルにトマトジュースと①、Aを入れてよくかき混ぜ、塩、こしょうで味をととのえる。
❸器に注ぎ、薄切りにしたきゅうり（分量外）をちらし、オリーブ油少々（分量外）を回しかける。

トマトのしょうゆだれ

さっぱりおいしい万能だれ。ゆでた肉や焼き魚に、
ドレッシング代わりにサラダやゆで野菜に、
めんつゆに加えてつけつゆに。

あっさり冷や
やっこに酸味
がぴったり！

材料（作りやすい分量）
トマト…2個
しょうが…1かけ
酢、しょうゆ…各大さじ3
ごま油…大さじ1

作り方
❶トマトはへたをとり、1cm角に切る。しょうがはみじん切りにする。
❷ボウルに全ての材料を入れて混ぜあわせる。

消費レシピ

ミニトマトのバルサミコ炒め

材料（2人分）
ミニトマト…30個
オリーブ油…大さじ1
塩、こしょう…各少々
バルサミコ酢…大さじ2

作り方
❶ミニトマトはへたをとる。
❷フライパンにオリーブ油を入れて熱し、①を入れて炒める。ミニトマトの皮がはじけたら、塩、こしょうをふり、バルサミコ酢を回しかけて火を止める。

※バルサミコ酢がない場合は酢小さじ1で代用可能。

ミニトマトとチーズのマリネ

材料（作りやすい分量）
ミニトマト…30個　塩…小さじ⅓
モッツァレラチーズ…1個
オリーブ油…大さじ2　レモン汁…大さじ2〜3
イタリアンパセリ（好みで）…適量

作り方
❶ミニトマトはへたをとり、半分に切って塩を全体にふる。モッツァレラチーズはミニトマトと同じくらいの大きさに切る。
❷ボウルに①を入れ、オリーブ油とレモン汁であえる。器に盛って好みでイタリアンパセリを添える。

ミニトマトの南蛮漬け

材料（作りやすい分量）
ミニトマト（赤・黄）…15〜20個
A ┌ しょうゆ、酒、砂糖、酢…各50cc
　└ 赤とうがらし…1〜2本

作り方
❶ミニトマトはへたをとり、1か所浅く切り込みを入れ、バットに入れる。
❷鍋にAを入れて弱火にかけ、沸騰する直前で火を止める。①に注ぎ入れ、約30分漬ける。

※焼いたししとうやピーマンをいっしょに漬けてもおいしい。

しょうゆ味だとピクルスより食べやすいようで、みんなが箸を伸ばしてくれます。

漬け込んだまま、冷蔵庫で保存できる。味が濃くなるので2日間を目安に食べきって。

材料（作りやすい分量）
トマト（大）…8個　またはミニトマト…40個
玉ねぎ…1個　しめじ、エリンギ…各1パック
にんにく、しょうが…各2かけ
サラダ油…大さじ1
牛こま切れ肉…300g
カレールー…適量（12〜15皿分）
中濃ソース、トマトケチャップ（好みで）…各適量

作り方
❶トマトはひと口大に切る。玉ねぎはくし形切りにする。しめじは石づきを切り落とし、3〜4本まとめてほぐす。エリンギは食べやすい大きさに切る。にんにくとしょうがはみじん切りにする。
❷鍋にサラダ油とにんにく、しょうがを入れて弱火にかける。香りが立ったら中火にして、牛肉と玉ねぎ、しめじ、エリンギを加えて炒める。肉の色が変わったらトマトを加えてふたをし、湯気が出てきたら弱火にして15〜20分蒸し煮にする。
❸材料に火が通ったらいったん火を止めてカレールーを入れて溶かし、再び火にかけてひと煮立ちさせる。味を見て、好みで中濃ソースとトマトケチャップで味をととのえる。

トマトのうまみをたっぷりめしあがれ

無水カレー

トマトの水分だけで作るカレー。
トマトが食べきれないときによく作って冷凍しています。

なす

植えつけ　5月上旬〜6月下旬
収　　穫　6月下旬〜10月下旬

常温　冷蔵　冷凍　おかずの素　漬けもの

収穫のコツ

肥料と水は十分与える

　みずみずしいなすを作るコツは、十分な肥料。最初の実（一番果）がついたころから定期的に施します。一番果がついたら追肥し、その後も2〜3週間おきに施します。株のすぐ下ではなく、根の生長に合わせて、根が伸びる先、畑なら最初は畝（うね）の肩、次からは畝の外の通路の部分にまくと効果的。1㎡あたり40〜50ｇの化成肥料をまき、土と混ぜます。

　日照りが続くときは、水をやります。水が地中で熱くならないように、気温の低い夕方に畝の間にたっぷりと水をまきましょう。

1つめと2つめの実は早めに収穫

　実に栄養が使われると、株の生長の勢いが弱くなってしまいます。そのため、株がしっかり育つまでは、実は大きくしないようにします。

　具体的には最初と2番目にできた実は、小さいうちに収穫すること。ピンポン玉くらいの大きさになったらハサミで切りとります。

小さめで収穫した方がやわらかい

　実は大きくなるとかたくなり、株にも負担がかかります。中長なすは10〜12㎝、長なすは25㎝の長さが食べごろ。清潔なハサミでへたを切って収穫します。

枝の切り戻しで秋なすを！

　7月下旬ごろ、夏の暑さと、なり疲れで、実つきが悪くなってきます。そこでこの時期に、枝が1/3〜1/2になるくらい切り戻しを行い、株をリフレッシュさせましょう。新しく伸びてくる枝からは、皮肌につやのある、みずみずしい秋なすが楽しめます。

ミニ知識
皮に含まれる「ナスニン」とは？

　なすの皮に多く含まれている、ポリフェノールの一種がナスニン。ナスニンは強い抗酸化作用があります。酸化は、老化や生活習慣病の原因となることで知られていて、抗酸化作用のあるものを食べて、予防するのがよいと言われています。なすの鮮やかな紫色は、目を楽しませてくれるごちそう。皮ごといっしょに調理していただきましょう。

プロの技！

害虫は夕方の散水で洗い流す

　なすは乾燥が続くと株の勢いが弱って、アブラムシやハダニなどの害虫がつきやすくなります。枝の先端や葉の裏などにつくので、見つけたらすぐにとり除きます。おすすめなのが、水で洗い流す方法。暑さを避けた夕方、害虫のついているところに散水ホースやハス口をつけたじょうろなどで、勢いよく水をかけます。水やり代わりにもなり、なすもリフレッシュします。

常温保存　　3日

収穫したら新聞紙で包む

水で湿らせた新聞紙で包んで乾燥を防ぎます。かごやざるに入れて冷暗所で保存を。

冷蔵保存　　1週間

低温に弱いので野菜室で

乾燥予防に1本ずつラップで包むのがおすすめ。保存袋に入れて野菜室で保存します。

冷凍保存　　1か月

食べやすく切って冷凍

輪切り、いちょう切り、乱切りにして冷凍すると、炒めもの、汁もの、煮込みなどに使いやすいでしょう。

輪切りで冷凍

幅3〜5mmの輪切りにして保存袋に入れ、空気を抜いて冷凍。

利用法
●凍ったまま煮て、カレーやラタトゥイユ、炒めものに。

いちょう切りで冷凍

幅2〜3mmくらいの薄いいちょう切りにして保存袋に入れ、空気を抜いて冷凍。

利用法
●凍ったまま煮て、みそ汁に。湯をかけて解凍してあえものに。

乱切りで冷凍

乱切りにして保存袋に入れ、空気を抜いて冷凍。

利用法
●凍ったまま調理して、炒めものや煮ものに。

冷凍なすを使って

なすと豚肉のポン酢炒め

材料（2人分）
冷凍なす（乱切り）…3本分
豚薄切り肉…150g　ごま油…大さじ1
A ┌ ポン酢しょうゆ、しょうゆ…各50cc
　│ 砂糖…小さじ2　水…大さじ2
　└ しょうがのすりおろし…1かけ分
万能ねぎの小口切り…適量

作り方
①豚肉はひと口大に切る。
②フライパンにごま油を入れて熱し、豚肉を炒める。肉の色が変わってきたら、冷凍なすとAを加えてさっと混ぜ、ふたをして5〜7分蒸し焼きにする。途中、菜箸でなすをほぐしながら上下を返す。
③なすに火が通ったらふたを外し、強火で水けを飛ばしながら炒める。
④器に盛り、万能ねぎをちらす。

23

焼きなす

皮をむかずに保存するのがポイント。
水分が出ないので
おいしさをキープできます。
ひと手間加えたアレンジも楽しんで。

食べる前に皮を
むき、しょうが
じょうゆで、と
いうのが定番の
食べ方。

焼きなすは何にでも使えます。
冷ややっこのトッピングに、
肉炒めの最後に加える、
ツナとあえる…など。
イチ押しはみそ汁です!

材料（作りやすい分量）

なす…適量

作り方

❶なすはへたにグルッと一周切り込みを入れて上部を残し、縦に浅く1本切れ目を入れる。

❷魚焼きグリルを熱しなすを入れて焼く。グリルが片面焼きの場合は、途中で裏返す。全体が焼けて、太い部分に竹串がすっと入ったらとり出し、ざるにのせて冷ます。

❸粗熱がとれたら、保存容器に入れる。

※皮をむかずに保存することで、なすからうまみが逃げない。

焼きなすを使って

焼きなすのひき肉あんかけ

材料（2人分）

焼きなす…3～4本

鶏ひき肉…100g

サラダ油…大さじ1

A ┌ しょうがのすりおろし
　　　…1かけ分
　├ めんつゆ…大さじ2
　└ 水…100cc

B ┌ 片栗粉…大さじ1
　└ 水…大さじ2

作り方

❶焼きなすの皮をむいて、食べやすい大きさに切る。耐熱容器に入れてラップをかけ、電子レンジ（600W）で1～2分加熱して温める。

❷鍋にサラダ油を入れて熱し、ひき肉を炒める。肉に火が通ったらAを加え、煮立ったらよく混ぜたBを回し入れてとろみをつける。

❸器になすを盛り、②をかける。

あっさりあんが
よく合う!

焼きなすのとろろ昆布あえ

材料（2人分）

焼きなす…2本

とろろ昆布…適量

しょうゆ…少々

作り方

❶焼きなすの皮をむいて、食べやすい大きさに切る。

❷器に盛り、食べやすくちぎったとろろ昆布をのせ、しょうゆをかける。さっくりと混ぜあわせていただく。

なすの蒸し焼き

油といっしょに蒸し焼きにしておけば、
味を加えるだけで一品料理に。
大根おろしやめんつゆとあえるのもおすすめ。

材料（作りやすい分量）
なす…7〜8本　サラダ油…大さじ1
塩…小さじ⅓
作り方
❶なすはへたを落としてひと口大の乱切りにする。水にさらし、ざるに上げて水けをきる。
❷フライパンになすを平らに並べ、サラダ油を回しかけて塩をふる。ふたをして強火にかけ、湯気が出たら中火にして8〜10分、蒸し焼きにする。途中で上下を返しながら、なすに火を通す。なすがやわらかくなったら火からおろす。粗熱がとれたら、保存容器に入れる。

なんといっても、なすと油は相性抜群！ そのまま食べても、めんつゆをかけてさっぱり食べても。

なすの蒸し焼きを使って

なすのピリ辛さっぱりあえ

材料（2人分）
なすの蒸し焼き…2本分　かつお節…適量
A ┌ポン酢しょうゆ…大さじ3　砂糖…小さじ⅓
　└ラー油…少々
作り方
❶なすの蒸し焼きを耐熱容器に入れてラップをかけ、電子レンジ（600W）で1分加熱する。Aをよく混ぜて回しかけ、器に盛ってかつお節をのせる。

なすのチーズグラタン

材料（2人分）
なすの蒸し焼き…2本分
塩、こしょう…各少々
ピザ用ソース…大さじ2〜3
ピザ用チーズ…20g
作り方
❶耐熱容器になすの蒸し焼きを入れてラップをかけ、電子レンジ（600W）で1分加熱し、塩、こしょうをふる。ピザ用ソースをかけ、ピザ用チーズをのせる。
❷オーブントースターで、焼き色がつくまで焼く。

チーズをかけて焼くだけ！

漬けもの 冷蔵で5〜7日

なすのしょうゆ漬け 冷蔵で7日

材料（作りやすい分量）
なす…4本（約300g）

A ┌ 水…600cc
  └ 塩…大さじ½

B ┌ しょうゆ…100cc
  │ 水…50cc
  │ 砂糖、酢、みりん
  └ …各小さじ2

赤とうがらし…1本

作り方
❶なすはへたを落とし、長さを2〜3等分、縦4〜6等分に切る。
❷保存袋にAとなすを入れ、空気を抜いて口を閉じ、冷蔵庫でひと晩漬ける。
❸なすがしんなりしたら水に1〜2分さらし、しっかりと水けを絞る。
❹保存袋に③とB、種を除いた赤とうがらしを入れ、空気を抜いて口を閉じ、再び冷蔵庫でひと晩漬ける。汁けを絞って器に盛る。
※③でなすがまだかたいときは、塩を少し足して、しんなりするまでさらに数時間漬ける。

塩漬けでひと晩、しょうゆ漬けでひと晩漬けるのがポイント。

塩水にひと晩漬ける。

漬け汁にさらにひと晩漬ける。

なすのピリ辛塩漬け 冷蔵で5日

材料（作りやすい分量）
なす…5本（約400g）
粗塩…大さじ1と½　一味とうがらし…小さじ1

作り方
❶なすはへたを落とし、1cm厚さの輪切りまたは半月切りにする。
❷ボウルに粗塩と一味とうがらしを入れて、よく混ぜあわせる。なすを入れ、ひと切れずつまぶしながらもみ込む。
❸水をひたひたに注ぎ、表面にラップをかぶせる。小皿をのせて空気に触れないようにラップを密着させてなすを水の中に沈め、常温で半日ほど漬ける。食べるときは汁けを絞る。ごま油を少しかけてもおいしい。

最初に、なすの表面に一味入りの塩をまぶす。

空気に触れないようにラップをかけ、皿をのせて漬ける。

【アレンジ】
なすのピリ辛塩漬けで肉炒め

なすのピリ辛塩漬けは炒めものにしてもおいしい！　ピリ辛なすに油がからまり、ご飯が進むおかずになります。おすすめは豚肉との炒め。

消費レシピ

なすバーグ

材料（作りやすい分量）

なす…4本

豚ひき肉…300g　卵…1個

こしょう…少々　サラダ油…大さじ1〜2

A ┌ トマトケチャップ…50cc
　└ 中濃ソース…大さじ2　しょうゆ…少々

スライスチーズ…2枚

ゆでたブロッコリー（つけあわせ）…適量

塩もみしたなすは、ひき肉とよくなじみます。餃子のタネに入れてもおいしいです。大きく育ちすぎて種がかたくなったなすでもOK！

作り方

❶なすは5㎜角程度のみじん切りにし（フードプロセッサーを使うと早い）、塩小さじ½（分量外）をふって軽くもみ、しんなりさせる。水けが出てきたら絞る。

❷ボウルに豚ひき肉、なす、卵、こしょうを入れて、粘りけが出るまでよく混ぜあわせる。4等分にし、空気を抜いて小判形に整える。

❸フライパンにサラダ油を入れて熱し、❷を入れて焼く。焼き色がついたら裏返し、水1カップを注いでふたをし強火にする。沸騰したら中火にし、4〜6分蒸し焼きにする。

❹Aを混ぜあわせ、ハンバーグに火が通ったら周囲に回し入れ、とろみがつくまで煮詰める。ハンバーグにスライスチーズをのせてふたをし、チーズを溶かす。皿に盛ってブロッコリーを添える。

なすとえのきの照り焼き

材料（作りやすい分量）

なす…10本

えのきだけ…1パック

片栗粉…大さじ3〜4

ごま油…大さじ2

A ┌ にんにくのすりおろし
　│　　…1かけ分
　│ しょうゆ、酒…各大さじ4
　│ 砂糖…大さじ1
　└ みりん…大さじ2

作り方

❶なすはへたを落とし、長さを3〜4等分に切り、縦半分に切って水にさらす。えのきだけは石づきを切り落とし、長さを半分に切ってほぐす。

❷なすはざるに上げ、ペーパーで水けをふきとり、片栗粉を全体に薄くまぶす。

❸フライパンにごま油を入れて熱し、なすを入れて中火で焼く。焼き色がついたら裏返してふたをし、弱めの中火で蒸し焼きにする。

❹なすに火が通ったら、えのきだけを加えて炒めあわせる。えのきだけにも火が通ったら、いったん皿にとり出す。

❺フライパンにAを加えて火にかけ、煮立ったら❹を戻し入れてからめる。

照り焼き味はとまらないおいしさ！

27

ピーマン

植えつけ　4月下旬〜5月下旬
収　　穫　6月下旬〜10月下旬

冷蔵　冷凍　おかずの素

収穫のコツ

一番果は小さいうちに収穫

　まずは株がしっかり生長するように、最初の実（一番果）から3つめくらいまでの生育初期の実は、ごく小さいうちにハサミでとります。また、わき芽を放置すると葉が茂りすぎ、実つきが悪くなる原因になります。一番果より下のわき芽は、すべて手でとり除きます。

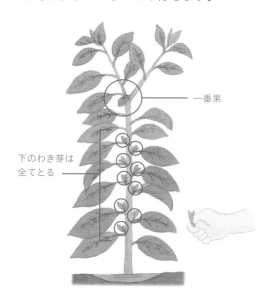

一番果

下のわき芽は
全てとる

適正サイズでどんどん収穫する

　4つめ以降の実は、長さ6〜7cmの大きさで収穫します。実をつけすぎると株が弱る「なり疲れ」の原因になるので、皮肌の色が変わる前に早めに収穫しましょう。生長するにつれて枝葉が茂り始めたら、日当たりと風通しがよくなるように、混み合った枝をカットします。

肥料切れに注意！

　次々と実をつけるので、株を元気に保つために定期的に追肥をします。実がつき始めたら最初の追肥を行い、その後は2〜3週間おきに施します。1㎡につき、化成肥料40〜50gが目安です。根は伸びているので、株元でなく畝の肩に追肥をするのがコツです。

中耕すると根のはりがよくなる

　追肥のときには、クワを使って畝の周囲を耕します。これを中耕といいます。かたくなった土をほぐすことで、根に酸素が届き、根のはりがよくなります。日照りが続いたときは、夕方に水をたっぷりまきます。

ミニ
知識

赤くなったピーマンは食べられる？

　ピーマンを収穫せずにおくと、赤く色づきます。ちなみに、ふだん食べている緑のピーマンは、若採りの果実。赤くなるのは完熟した状態で、甘みが濃厚になり、おいしくいただけます。緑の果実をそのままおいておくだけで、赤ピーマンになりますが、たくさん作ると株が疲れる原因に。1株で数個程度にしておきましょう。あまり日持ちしないので、収穫後は早めに調理します。

冷蔵保存　2週間

ペーパーと一緒に保存袋に入れて

水けをふきとってから軽くペーパーに包んで保存袋に入れ、野菜室で保存します。ペーパーを入れると余分な水分を吸収するので、傷みにくくなります。

ペーパーを入れて湿気を防止。

冷凍保存　1か月

乱切りや細切りにしておくと便利

緑色が鮮やかなピーマンはメインにもサブにもなる野菜。調理しやすく切ってから冷凍すれば、いつでも使えて時間の節約になります。

乱切りで冷凍

へたと種をとり、乱切りにして保存袋に入れ、空気を抜いて冷凍。

利用法
●凍ったまま炒めものに加えて。肉と炒めたり、なすとのみそ炒めもおすすめ。

細切りで冷凍

へたと種をとり、縦に1cm幅に切って保存袋に入れ、空気を抜いて冷凍。

利用法
●凍ったまま炒めものに加えて。チンジャオロースーにぴったり。
●湯をかけて解凍し、あえものに。ドレッシングをかけるだけでもおいしい！
●電子レンジで加熱し、無限ピーマン（→p31）に。

冷凍ピーマン を使って

ピーマンのじゃこ炒め

材料（作りやすい分量）
冷凍ピーマン（乱切り）…300g
サラダ油…大さじ1
ちりめんじゃこ…10g
A┌酒…大さじ1
　├砂糖…小さじ1
　└塩…少々
しょうゆ…小さじ1〜2

作り方
❶フライパンにサラダ油を入れて中火で熱し、ちりめんじゃこを炒める。カリッとしたら、とり出す。
❷フライパンに冷凍ピーマンを入れ、水大さじ1（分量外）をふって強火にかけふたをする。蒸気が出たら弱火にして2〜3分蒸し焼きにする。
❸ピーマンが解凍したらふたを外し、①とAを加えて中火にし、水けを飛ばすように炒める。仕上げにしょうゆを回しかけ、さっと炒めて火を止める。

ちりめんじゃこの代わりに桜えびを使ってもおいしく香りがいいですよ。

冷凍ピーマン を使って

ピーマンの塩昆布あえ

材料（作りやすい分量）
冷凍ピーマン（細切り）…2〜3個分
塩昆布…少々
ごま油…少々

作り方
❶ざるに冷凍ピーマンを入れ、熱湯を回しかけて解凍する。水けを絞って塩昆布とごま油であえる。

おかずの素　冷蔵で3日

ピーマンの蒸し炒め

蒸し炒めしておくと甘くしんなりして食べやすい。
ベーコンや肉と一緒に炒めたり、ナポリタンに加えても。

材料（作りやすい分量）
ピーマン…20個
ごま油またはサラダ油
　…大さじ1〜2
塩…少々

作り方
❶ピーマンは縦半分に切ってへたと種をとり、さらに縦2〜3等分に切る。
❷フライパンにピーマンを並べてごま油を回しかけ、塩と水大さじ1（分量外）をふる。
❸ふたをして強火にかけ、湯気が出たら弱火にして1〜2分蒸し焼きにする。ふたを外して強火にし、水けを飛ばすように炒める。
❹水けがなくなったら火からおろし、粗熱がとれたら保存容器に入れる。

ごま油の風味と塩味でこのままでもおいしい！

ピーマンの蒸し炒め を使って

ピーマンとさばのみそ煮缶炒め煮

材料（作りやすい分量）
ピーマンの蒸し炒め…3個分
さばのみそ煮缶…1缶（110g）
しょうゆ…小さじ1
一味とうがらし（好みで）…少々

作り方
❶鍋にさばのみそ煮缶を汁ごと入れて粗くほぐし、しょうゆを加えて火にかける。煮立ったらピーマンの蒸し炒めを加えてひと煮する。
❷器に盛り、好みで一味とうがらしをふる。

缶づめと
サッと煮るだけ！

ピーマンののりあえ

材料（作りやすい分量）
ピーマンの蒸し炒め…4個分
のり…半じょう
しょうゆ…少々

作り方
❶ピーマンの蒸し炒めは耐熱容器に入れ、ラップをかけて電子レンジ（600W）で1分加熱する。
❷のりをちぎって①と混ぜ、器に盛り、食べる直前にしょうゆをかけてあえる。

消費レシピ

ピーマン肉詰め丸ごと煮

玉ねぎの代わりに、きのこを
粗くきざんで入れてもおいしい！

材料（作りやすい分量）

ピーマン…10〜12個
玉ねぎ…½個
豚ひき肉…300g

A
- 卵…1個
- パン粉…½カップ
- 塩…小さじ⅓
- こしょう…少々

小麦粉…適量
サラダ油…大さじ1

B
- オイスターソース…大さじ2
- しょうゆ…大さじ½
- 中華顆粒だし…少々
- 水…200cc

作り方

❶ピーマンのへたの周りに包丁の刃先を入れて切り込みを入れる。指先でへたを軽く押して外し、へたを種ごととり出す。玉ねぎはみじん切りにする。
❷ボウルに豚ひき肉、玉ねぎ、Aを入れてよく混ぜあわせ、10〜12等分にする。
❸ピーマンの中に小麦粉を入れて軽くふってまぶし、穴を下にして余分な粉をはたいて落とす。
❹小さいスプーンで②を、③に詰める。
❺フライパンにサラダ油を入れて中火で熱し、④を並べる。ふたをしてときどき転がしながら6〜7分焼き、全体に焼き色がついたら弱火にして7〜8分蒸し焼きにする。
❻ふたを外し、Bをよく混ぜあわせて加え、強火にする。スプーンでピーマンにソースをかけながら、とろみがつくまで煮詰める。

無限ピーマン

材料（作りやすい分量）

ピーマン…10個
ツナの油漬け缶…小1缶（70g）

A
- ごま油…大さじ1
- 中華顆粒だし…小さじ1
- 塩、粗びき黒こしょう…各少々

作り方

❶ピーマンは細切りにする。ツナ缶は軽く油をきる。
❷耐熱容器にAとピーマンを入れてよく混ぜ、ツナを加えてさっとあえる。ふんわりとラップをかけて、電子レンジ（600W）で2分加熱する。

ししとう

植えつけ　4月下旬〜6月上旬
収　穫　6月下旬〜10月下旬

冷蔵　冷凍

収穫のコツ

最初の実は早めに収穫

　苗の植えつけから約1か月後に、最初の実（一番果）がつきます。株が充実するまでは、実に養分をとられないように、実は小さいうちに収穫します。とくに一番果はごく小さなうちに早めにとりましょう。安定して収穫できるようになったら、長さ5〜6cmまで育てて収穫します。

一番果がついたらわき芽をとる

　葉のつけ根から出る「わき芽」を伸ばすと枝になります。枝をふやすと養分が分散してしまうので、一番果より下に出るわき芽は全て手で摘みとります。

肥料切れを起こさないように注意

　6〜10月の長期間にわたって収穫できるので、追肥をしっかり行います。本支柱を立てるタイミングで最初の追肥を行い、以降は2〜3週間に1回の割合で行います。1㎡につき、化成肥料40〜50gが目安です。根は伸びているので、株元ではなく畝の肩に施すのがポイント。

　追肥のときに、畝の周りの通路の土を、クワを使って耕します（中耕）。こうすることで根に酸素が届き、生長がよくなります。

適度な整枝と摘果でおいしく育つ

　実を若いうちに収穫するししとうは、適度な整枝と摘果をすることで養分が実に集まります。枝がふえて混みあっていたら、株の中央に向かって伸びる枝や下枝をカットします（整枝）。こうすることで風通しと日当たりがよくなります。花や実がたくさんついている場合は、混みあっているところの蕾や実を、小さなうちにかきとっておきましょう（摘果と摘蕾）。

ミニ知識　**ししとうは、辛くないとうがらし**

　ピーマンもししとうもナス科のトウガラシ属で、とうがらしの一種です。とうがらしには、辛味種と甘味種があり、甘くないとうがらしの代表がこのふたつ。同様に辛くない仲間に大きくて肉厚な「万願寺とうがらし」や、長いものでは15cm以上の「甘長とうがらし」があります。育て方もししとうと同様なので、ぜひ栽培してみてください。

万願寺とうがらし

甘長とうがらし

冷蔵保存　2週間

洗って保存袋に入れて

洗って水けをふきとってからペーパーに軽く包んで保存袋に入れ、野菜室で保存します。

冷凍保存　1か月

へたをとって冷凍しておく

へたをとっておけば、すぐに使えて便利です。炒めものや煮ものに。解凍するとやわらかくなって歯ごたえがなくなるので、焼くのは向きません。

丸ごと冷凍

へたをとり、保存袋に入れて、空気を抜いて冷凍。

利用法
- ●湯をかけて解凍し、あえものに。
- ●凍ったまま熱しためんつゆに入れて、さっと煮に。
- ●凍ったまま炒めものに加える。

消費レシピ

ししとうの
カリカリにんにく
アンチョビ炒め

材料（作りやすい分量）
ししとう…30本
にんにく…2かけ
アンチョビ（フィレ）…1〜2切れ
オリーブ油…大さじ2
塩、こしょう…各少々

作り方
❶ししとうはへたをとり、竹串で穴を開けるか、包丁で縦に浅く切り込みを入れる。にんにくは薄切りに、アンチョビは粗くきざむ。
❷フライパンにオリーブ油とにんにくを入れ、弱火で炒め、にんにくがカリッとしたら皿にとり出す。
❸同じフライパンにししとうを入れて強火で炒める。くたっとしたらアンチョビと塩、こしょうを加えて味をととのえ、火を止めて②を戻し入れ、さっとあえる。

ししとうのふりかけ

材料（作りやすい分量）
ししとう…30本
ごま油…大さじ1
A ┌ 砂糖、みりん、しょうゆ…各大さじ1
　 └ 水…100cc
すりごま（白）…大さじ2〜3

作り方
❶ししとうはへたをとり、斜め薄切りにする。
❷フライパンにごま油を熱し、ししとうを入れて炒める。ししとうに油が回ったら、Aを加えて汁けがなくなるまで炒める。
❸火を止めてすりごまを加えてあえる。

どんどんとれるししとうは、このふりかけにするのも手。味がしっかりついているので、卵焼きや納豆に入れるとおいしいです。ひき肉とさっと炒めても。

とうがらし

植えつけ　4月下旬～6月上旬
収　穫　6月下旬～10月下旬

冷蔵　冷凍　乾燥　加工品

収穫のコツ

未熟果が青とうがらし
完熟すると赤とうがらし

　とうがらしの栽培方法は、ししとう（→p32）と同様です。少し異なるのは、収穫のタイミング。とうがらしの仲間は全て、実は最初は緑色ですが、とらずにおいておくと赤く熟していきます。ピーマン（→p28）も、ししとうも赤くなります。

　とうがらしの場合、青とうがらしとして使いたいなら青いうちに、赤とうがらしにしたいなら、熟すのを待って収穫します。

青とうがらしは生で料理や調味料に
赤とうがらしは乾燥させて

　青とうがらしはフレッシュなさわやかな辛さで、カレーやエスニックな炒めものに入れたり、ゆずこしょうなどの調味料に加工したりするのに向いています。

　赤とうがらしは熟しているので、生ではやや甘みのある辛さ。一般的には、乾燥させてタカノツメとして料理に利用します。

実が大きくなったら収穫可能

　青とうがらしの場合は、実ができたら好きなときに収穫してOK。赤く色づく前に、早めに摘みとりましょう。

　赤とうがらしを利用する場合は、赤く色づいたものから収穫します。ハサミで切って実をとりますが、数が多いときには枝ごと切り落とすほうが楽。乾燥させるときも、枝ごとならそのままぶら下げられて簡単です。

赤とうがらしは肥料切れに注意

　熟すには、栄養分がたっぷり必要。2～3週間に1度、追肥を施すのを忘れないようにしましょう。

若い葉は食べられる！

　とうがらしの若いやわらかい葉は「葉とうがらし」といい、食べることができます。実の収穫初期のものがよく、実を多く収穫したあとのものは、かたくアクが強いので避けたほうが無難です。最初にさっとゆでて水けを絞り、しょうゆとみりんで煮詰めれば佃煮に、みそ、砂糖、みりんで煮詰めたら葉とうがらしみそになります。

枝ごと切って青い実をとり、さらにここから葉だけを摘んで使います。かたい葉はとり除いて。

葉とうがらしの佃煮。

冷蔵保存　3〜5日
冷凍保存　1年

冷蔵、冷凍ともに、保存袋に入れて保存します。冷蔵の場合は、水分が飛んでしんなりする前に使い切り、使いきれないときには冷凍しましょう。

水けをしっかりふきとり、袋の中の空気を抜いて保存を。

利用法
● 凍ったままハサミで切って、カレーや炒めものの辛みに。
● 凍ったままハサミで切って、しょうゆや酢に入れて辛み調味料に。

乾燥保存　1年

赤とうがらしはしっかり乾かす

ひとつずつ収穫したものは、ざるに広げて天日に干します。たまに裏返しながら、カラカラになるまで乾燥させます。下のようにひもで編んでつるして干してもよいでしょう。枝ごと収穫した場合は、根元をひもで束ねてつるして干します。いずれにしても完全に乾かすことが大事。乾く前にびんや袋に移すと、カビたり腐ったりします。

枝ごと干したものは、ひとつずつ切り落とす。

乾燥したらびんや保存袋で密閉保存を。ぶら下げたままにしておくと変色し、劣化する。

つるしとうがらしの編み方

以前はよくワラで編んだが、ひもは丈夫であればどんなものでもOK。

つるしとうがらし。乾燥するとひもが緩んでくるので、適宜整えて。

❶ 1mほどのひもを2本用意し、重ねて半分で折る

❷ 5cmほどのところで結ぶ

❸ ひもを広げ、中央の2本の上にとうがらしをおく。両外のひもは上にのせる

❹ 中央の2本のひもを持ち上げる

❺ 次のとうがらしをおき、中央2本のひもをおろす

❻ 下になった両外の2本を寄せ、上になった中央2本のひもをハの字に広げる

❼ 下の2本を持ち上げ、次のとうがらしをおく。これを繰り返し、最後はひも4本を合わせて結ぶ

加工品 2週間〜1年

注意! とうがらしを扱うときは、必ず手袋を!

とうがらしの辛み成分は、手につくとなかなかとれません。腫れてしまうこともあるので、必ず手袋をして作業しましょう。とくにとうがらしを触った手で目を触ると、痛みで目が開けられなくなります。十分に気をつけてください。

薬味みそ 冷蔵で2週間

薬味たっぷりで、辛みだけでないコクのある味わい。
ご飯や野菜スティックのおともにぴったり。

材料（作りやすい分量）
青とうがらし…1〜2本
長ねぎ…½本
にんにく、しょうが…各2かけ
みそ…1カップ（200g）
サラダ油…大さじ1
作り方
❶とうがらしは小口切りに、ほかの薬味はみじん切りにする。
❷フライパンでサラダ油を熱し、①を炒める。しんなりしてきたらみそを加え弱めの中火で練り合わせる。粗熱がとれたら清潔な保存容器または保存びんに入れる。

薬味は全てみじんに切る。

練り混ぜながら火を通す。

※辛いのが苦手な人は、青とうがらしを縦に切って種をとり除いて。

青とうがらし酢

冷蔵で1か月

ピリッとしたすっぱさは、油っぽい料理によく合います。餃子やから揚げ、ラーメンに、またタバスコ代わりにも使えます。

材料（作りやすい分量）
青とうがらし…8本　酢…200cc
作り方
❶とうがらしは小口切りにする。
❷清潔な保存びんにとうがらしと酢を入れる。冷蔵庫で保存し1日おく。

とうがらしのオイル漬け

冷蔵で6か月

とうがらしの保存を兼ねたオイル漬け。
油はペペロンチーノ、肉や魚のソテー、炒め油に。とうがらしは半分に切ってカレーや煮込み料理の辛みづけに。きざんでオイルとともに使っても。右の写真のように、にんにくやハーブをいっしょに漬ければ、風味も楽しめます。

作り方
❶びんの大きさに合わせて、とうがらしとオリーブオイルまたは好みの油を用意する。
❷とうがらしをざるに広げて熱湯をかけ、水けがなくなるまで乾かす。
❸清潔なびんにとうがらしと油を入れ、とうがらしが完全に漬かるようびんのふちまで油を注ぐ。しっかりふたをし冷暗所で3日ほどおく。

※オイルをつぎ足しながら使うと持ちがよい。
※辛くしたい場合は、とうがらしをきざんで漬けても。その場合は早く使い切る。

すだちこしょう

冷蔵で1年

ゆずこしょうのゆずの代わりに、すだちを使用。かぼすなどでも同様にできます。
青とうがらしとかんきつの皮が同量、塩が全体量の20〜30%が目安。

材料（作りやすい分量）
青とうがらし…へたと種を除いて30g
　（中10〜12本程度）
すだちの皮…30g（6個分程度）
塩…大さじ1
作り方
❶とうがらしを縦半分に切って、へたと種をとる（右下参照）。
❷すだちの皮をむき、ざく切りにする。
❸全ての材料をフードプロセッサーにかける。
❹清潔なびんに入れ、冷蔵庫で1週間以上おく。

むいた皮だけ使用する。

フードプロセッサーでかくはん。

最初は角が立っている。びんで熟成させるとまろやかに。

とうがらししょうゆ

冷蔵で2か月

フレッシュなとうがらしの辛みを移したしょうゆは、
豆腐や納豆、刺身にぴったり。みりんや昆布を加えて、風味をプラス
しましたが、キリっとした味が好きならしょうゆだけにするのがおすすめ。

しょうゆみりん漬け（写真左）
青とうがらし…30g
しょうゆ、みりん…各55cc
❶とうがらしを縦半分に切って、へたと種をとり（右記参照）、長さを半分に切る。
❷清潔なびんに全ての材料を入れ、冷蔵庫で1日以上おく。

しょうゆ昆布漬け（写真右）
青とうがらし…35g　しょうゆ…60cc
昆布…5cm角
❶とうがらしは1cmほどの小口切りにする。
❷清潔なびんに全ての材料を入れ、冷蔵庫で1日以上おく。

※種をとらずに入れると辛みが増すので、好みで加減を。

ハサミで縦に切って開く。

バターナイフや小さなスプーンで種をかき出す。

一味とうがらし

6か月

できたては風味が格別！　市販品が使えなくなるおいしさです。
使用後のフードプロセッサーは、辛みが残らないよう、
すぐによく洗ってください。

材料（作りやすい分量）
乾燥赤とうがらし…適量
作り方
❶赤とうがらしのへたと種をとり（右上参照）、ざく切りにする。
❷フードプロセッサーにかけて粉末にする。

※密閉容器に乾燥剤を入れて半年ほど保存できるが、風味は落ちるので少しずつ作るとよい。

好みの大きさにする。

きゅうり

植えつけ　4月上旬〜5月上旬
収　　穫　6月中旬〜8月中旬

（冷蔵）（冷凍）（漬けもの）（おかずの素）

収穫のコツ

最初のころは小さいうちにとる

初めについた4〜5本は、株への負担を減らすために大きくせず、実の長さが10〜15cmのときに若どりします。

株が充実して次々に実をつけるようになったら長さ20cmくらいまで育てて収穫します。

豊作には水と肥料が欠かせない

夏の最盛期のきゅうりは、1日で2〜3cmも大きくなります。大きくなりすぎないよう、早めに収穫するとよいでしょう。

夏の盛りは実がどんどん大きくなるので、早めにハサミで根元から切りとり収穫を。

きゅうりはどんどん育つ分、十分な水と肥料が欠かせません。乾燥が続くと実つきが悪くなるので、晴天が続いたら水やりを忘れずに。追肥も2週間に1回、必ず行いましょう。

大きく育ててもおいしい！

市場に出回っているきゅうりは20cm前後ですが、30cmくらいの大きさまで育てたジャンボきゅうりのおいしさも格別です。きゅうり特有の青臭さが減って、きゅうりが苦手な人でも食べやすくなります。

大きくなりすぎたら…

収穫しそびれて、大きく育ちすぎたきゅうりもそのまま食べられます。種が大きくて気になるときには、縦半分に切り、スプーンでくりぬいて、とり除くとよいでしょう。皮がかたいときは、ピーラーでむきます。

ミニ知識　きゅうりのブルームとは？

きゅうりの皮につく白い粉がブルーム。水分の蒸発や虫、寒さなどから自身を守るものです。触ると手についてとれるので、これがついていると新鮮な証拠といわれます。ブルームきゅうりは皮が比較的やわらかく、果肉がパリッとしていて、とくに漬けものにするとおいしいもの。とはいえ、最近はブルームがつかないブルームレスきゅうりが多く、出回っているきゅうりのほとんどがブルームレスの品種になってきました。

プロの技！

**早めに摘心して
子づるをふやす！**

一般的には支柱の先端くらいで行う摘心（親づるの先端を切り落とすこと）を、本葉が8〜10枚出たあたりで行います。株がまだ若いうちに摘心すると子づるが旺盛に伸び、左右によく広がって実も多くつきます。

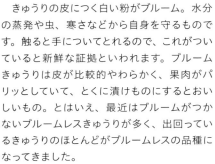

冷蔵保存　5〜7日

低温に弱いので野菜室で

保存袋に入れ、野菜室に立てて保存。1本ずつペーパーで包むとよりよいでしょう。低温に弱く、5℃以下になると溶けたようになるので温度設定には注意して。

1本ずつ包むのがベター。へたを上にして立てて保存する。

冷凍保存　1か月

用途が広い薄切りがおすすめ

ぶつ切りやスティック状など、食べやすく切って冷凍しても。薄切りが使いやすくておすすめ。

丸ごと冷凍

保存袋に重ならないように並べ入れ、空気を抜いて冷凍。

（利用法）
●凍ったまま、フルーツや甘みを加えてスムージーに。
●冷蔵庫で半解凍して切り、炒めもの、あえものなどに。

薄切りで冷凍

薄い輪切りにして保存袋に入れ、空気を抜いて冷凍。

（利用法）
●凍ったままドレッシングやポン酢をかけあえものに。
●凍ったままめんつゆに入れ、そばやそうめんの薬味に。
●お湯をかけて解凍し、ポテトサラダや酢のものに。

薄切りで冷凍したきゅうりは、お湯をかけるとすぐ解凍する。

冷凍きゅうりを使って

干もの入り混ぜご飯

材料（2人分）
冷凍きゅうり（薄切り）…1本分
青じそ…2〜3枚　焼いたアジの干もの…1尾
温かいご飯…2杯分
白ごま…大さじ1

作り方
❶凍ったきゅうりをざるに入れて、熱湯を回しかけて解凍し、水けを絞る。
❷青じそは細切りにする。焼いたアジの干ものは骨をとってほぐす。
❸温かいご飯に①②と白ごまを混ぜる。

冷凍きゅうりを使って

きゅうりの スイートチリソースあえ

材料（2〜3人分）
冷凍きゅうり（薄切り）…2本分
鶏ささみ…1〜2本　塩…少々　酒…大さじ½
スイートチリソース…大さじ2〜3

作り方
❶凍ったきゅうりをざるに入れて、熱湯を回しかけて解凍し、水けを絞る。
❷耐熱皿にささみを並べ、塩と酒をふりかけ、ふんわりとラップをする。電子レンジ（600W）で1分30秒〜2分加熱し、粗熱がとれるまでおく。
❸ささみを粗くほぐし、全ての材料を混ぜあわせる。

漬けもの

5〜7日

きゅうりの からし漬け

冷蔵で1週間

材料（作りやすい分量）

きゅうり…4本

A ┌ 砂糖…80g
　├ 酒…50cc
　└ 粉からし、塩…各15g

作り方

❶きゅうりは2cm厚さの輪切りにする。

❷保存容器にAを入れてよく混ぜて、①を入れてさらに混ぜる。ふたをして冷蔵庫でひと晩寝かせる。

簡単オイキムチ

冷蔵で5日

材料（作りやすい分量）

きゅうり…2本

塩…小さじ1

大根…50g

A ┌ 昆布…2cm
　├ おろしにんにく…1かけ分
　├ 砂糖…小さじ½
　├ 粉とうがらし…小さじ1
　└ または一味とうがらし…小さじ½

作り方

❶きゅうり全体に塩をすり込んでなじませる。ポリ袋に入れて空気を抜いて口をしばり、冷蔵庫で2時間おく。

❷きゅうりの水けをふきとり、長さを3等分に切る。味がしみやすいように、縦に浅く切り込みを入れる。

❸大根はせん切りにして塩少々（分量外）をふって軽くもみ、水けをきる。

❹ジッパーつき保存袋に②とAを入れて袋の上からよくもみ込む。③を加えて空気を抜いて封をし、冷蔵庫でひと晩寝かせる。

きゅうりのしょうゆ漬け

冷蔵で5日

材料（作りやすい分量）

きゅうり…2本

しょうが…½かけ

青じそ…5枚

みょうが…1個

A ┌ しょうゆ、水…各大さじ3
　├ みりん…大さじ1と½
　└ 酢…大さじ1

白ごま…大さじ1

作り方

❶きゅうりは1cm厚さの輪切りにする。しょうが、青じそ、みょうがはせん切りにする。

❷小鍋にAを入れて中火にかけ、ひと煮立ちさせる。

❸ボウルに①と白ごまを入れ、②を注ぐ。粗熱がとれたら表面にラップをピタリとのせて空気を遮断し、冷蔵庫でひと晩漬け込む。

塩をしてしんなりさせたきゅうりに味をしみ込ませる。

大根はきゅうりの上にのせておく。

40

おかずの素 冷蔵で4日

塩もみきゅうり

塩でしんなりさせたきゅうりは、使い勝手がいいもの。
酢のものやポン酢あえ、ポテトサラダや中華サラダに加えても。

材料（作りやすい分量）
きゅうり…4〜5本
塩…小さじ½

作り方
❶きゅうりは薄切りにして、塩を全体にふってサッと混ぜる。保存容器に入れて冷蔵庫に入れる。
❷使うときは、使う分だけとり出して水けを絞る。塩が強い場合は、水にサッとつけて塩を抜く。

塩もみきゅうりを使って

サラダうどん

材料（2人分）
塩もみきゅうり
　…適量
好みの野菜…適量
冷凍うどん…2玉
A ┌ めんつゆ
　│（ストレート）
　│　…80cc
　│ ごま油…少々
　└ 酢…好みで少々

作り方
❶きゅうりは軽く水けを絞る。トマトやアボカド、レタスなど、好みの野菜を食べやすく切る。
❷冷凍うどんは、パッケージに記載されている通りに加熱する。流水で洗って冷ましてざるにとり、水けをしっかりときる。
❸器にうどんを盛り、①を彩りよく盛る。食べる直前にAを回しかける。

消費レシピ

きゅうりと豚肉の
ピリ辛炒め

材料（作りやすい分量）
きゅうり…3本
豚肩ロース肉（しょうが焼き用）…300g
しょうが…1かけ
赤とうがらし（乾燥）…1〜2本
肉の下味（しょうゆ、酒…各大さじ½）
片栗粉…大さじ1　サラダ油…大さじ1〜2
A ┌ 酢…大さじ1と½
　│ 砂糖、しょうゆ…各大さじ1
　└ 塩…少々

作り方
❶きゅうりは縦半分に切り、1cm幅の斜め切りにする。しょうがは薄切りにする。とうがらしは半分に切って種を除く。
❷豚肉は食べやすい大きさに切って下味をつけ、片栗粉をもみ込む。
❸フライパンにサラダ油を熱し、②としょうが、赤とうがらしを加えて中火で炒める。豚肉に火が通ったら、きゅうりを加えてサッと炒めあわせ、Aを加えて手早くからませて火を止める。

炒めすぎると、きゅうりの歯ごたえと色が悪くなるので手早く仕上げて。

ゴーヤー

植えつけ　5月中旬〜6月上旬
収　穫　7月中旬〜10月上旬

（冷蔵）（冷凍）（おかずの素）

収穫のコツ

生長初期はこまめに摘花・摘果

　大きく育つ前に実をつけると株が消耗してしまうので、草丈がネットの1/3程度に育つまでは、雌花や実を全て摘みとります（摘花・摘果）。こうすることで、茎葉が十分に茂り、以降の実つきが充実します。

追肥・中耕・整枝は定期的に行う

　丈がネットの1/3を超えたら追肥を開始します。1㎡につき化成肥料40〜50gを目安に、2〜3週間に1回の割合で行います。追肥は畝の周りに肥料をばらまき、クワで混ぜ込んで軽く耕します（中耕）。ネットの高さを超えたつるや、ネットに収まらないつるは、ハサミで切り落とします（整枝）。

若どりの方がおいしく食べられる

　先端が黄色くなったら熟しすぎのサイン。青々とした若いうちに収穫すれば株に負担がかからず、実もフレッシュでおいしいもの。品種によって食べごろのサイズが異なるので、購入時にチェックしておきましょう。

プロの技！

**早めに摘心をして
収穫量をアップ！**

　本葉が10〜13枚ほどついたとき、生長点を切る「摘心」を行います。このタイミングを逃さないことがポイント。親づるの先端をハサミで切り落とせばOK。養分が先端に回らないことで、わき芽（子づる）が多く伸びて、葉や実がふえます。

乾燥ゴーヤーで
ゴーヤー茶

　薄切りにしたゴーヤーを天日干しにするか、電子レンジで乾燥させます。天日干しなら、ざるに並べて晴天の日に2〜3日、様子を見ながら干します。電子レンジでは、クッキングシートに並べ、600wで5分、裏返して5分程度加熱。最後にフライパンで乾煎りします。乾燥剤といっしょに密閉容器で保存すれば半年程度保存できます。

※クッキングシートはレンジ加熱するとき発火することがあります。目を離さないでください。

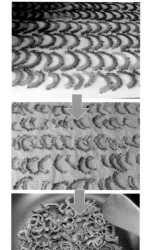

乾燥ゴーヤー適量に熱湯を注ぎ、2〜3分おけばゴーヤー茶に。急須で入れてもOK。戻ったゴーヤーはほろ苦く、そのまま食べても、あえものなどにしても。

冷蔵保存 1週間

収穫したらすぐに冷蔵

常温においておくと色が変わって味も落ちてしまいます。湿らせたペーパーで包んで保存袋へ入れて野菜室へ。切って保存するときは縦に切って種とわたをとり、ラップで包みます。

湿らせたペーパーに包んで保存袋へ。

種とわたをスプーンでとり、ラップで包んで野菜室へ。

冷凍保存 1か月

収穫量が多いので冷凍がおすすめ

薄切りにして冷凍しておけば、夏の間、手軽に楽しめます。薄く広げて冷凍しておくととり出しやすくなります。

薄切りで冷凍

縦半分に切ってスプーンで種とわたをとる。薄切りにして保存袋に入れ、空気を抜いて冷凍。

利用法
● 湯をかけて解凍し、あえものに。
● 凍ったまま肉を巻いて衣をつけ、フライに。
● 凍ったまま炒めてゴーヤーチャンプルーに。

冷凍ゴーヤーを使って

ゴーヤーのキムチあえ

材料（作りやすい分量）
冷凍ゴーヤー（薄切り）
　…1本分
キムチ…20g
しょうゆ、砂糖…各少々
ごま油…大さじ½

作り方
❶冷凍ゴーヤーはざるに入れて湯を回しかけて解凍し、水けをしっかり絞る。
❷ボウルに①とひと口大に切ったキムチを混ぜあわせ、しょうゆと砂糖、ごま油を加えてあえる。

ゴーヤーと玉ねぎのおかかあえ

材料（作りやすい分量）
冷凍ゴーヤー（薄切り）
　…1本分
玉ねぎ…½個
かつお節…1袋（5g）
ポン酢しょうゆ
　またはしょうゆ…適量

作り方
❶冷凍ゴーヤーはざるに入れて湯を回しかけて解凍し、水けをしっかり絞る。
❷玉ねぎは薄切りにする。
❸①と②、かつお節を混ぜあわせる。食べる直前にポン酢またはしょうゆを回しかける。

ゴーヤーの塩もみ

ゴーヤーは油をからめるとおいしくなります。ベーコンやソーセージと
炒めたり、焼きそばに加えたりなどのアレンジもおすすめです。

材料（作りやすい分量）
ゴーヤー…1本
塩…小さじ½
砂糖…小さじ1

作り方
❶ゴーヤーは両端を切り落として縦半分に切り、
スプーンで種とわたをとって5mm幅に切る。
❷ボウルにゴーヤーを入れ、塩と砂糖をふってよ
く混ぜあわせる。水けが出たら捨てる。
❸保存容器に②を広げて保存する。

ゴーヤーと厚揚げの ピリ辛炒め

ゴーヤーの塩もみを使って

材料（2人分）
ゴーヤーの塩もみ…1本分
厚揚げ…1枚　しょうが…1かけ　豚薄切り肉…100g
サラダ油…大さじ1　豆板醤…小さじ½
A ┌オイスターソース、砂糖…各小さじ1
　└しょうゆ、酒…各大さじ1

作り方
❶厚揚げは半分に切り、1cm幅に切る。しょうがは細切りにす
る。豚肉は食べやすい大きさに切る。
❷フライパンにサラダ油と豆板醤、しょうがを入れて熱し、香
りが立ったら豚肉とゴーヤーの塩もみ、厚揚げを加えて炒め
る。
❸肉に火が通ったらAを加えて炒めあわせる。

消費レシピ

ゴーヤーの黒こしょう天ぷら

材料（作りやすい分量）
ゴーヤー…2本
てんぷら粉（市販）…2カップ
粗びき黒こしょう…適量
水…適量　揚げ油…適量

粗びき黒こしょうの代わりに
衣に粉チーズやカレー粉を
入れてもおいしいですよ。

作り方
❶ゴーヤーは1cm厚さの輪切
りにしてからわたと種をと
り、てんぷら粉大さじ1～2
（分量外）を全体にまぶす。
❷てんぷら粉の袋の表示通
りに衣を作り、粗びき黒こ
しょうを加える。
❸揚げ油を170℃に熱し、
ゴーヤーを衣にくぐらせてカ
リッと揚げる。

ズッキーニ

植えつけ　　4月中旬〜5月中旬
収　　穫　　6月中旬〜8月中旬

冷蔵　冷凍

収穫のコツ

人工授粉で収穫量をふやす

　ズッキーニの雄花を摘んで、雌花（花の下部にふくらんだ「子房」がある）に受粉させると、確実に実がつきます。人工授粉は晴れた日を選び、花粉の状態がいい午前9時までに終えるのがベター。まずは雄花を摘んで花弁をとり、花粉が出ているかどうか指で触れて確認。十分出ていたら雌花の柱頭に軽くこすりつけます。

花の下に子房がない雄花を摘んで花びらをとり除き、花の下に子房のある雌花の柱頭にこすりつける。

受粉後は花弁を早目に摘みとる

　受粉後に花の実が大きく育っていたら、実についている花弁を早めにとり除きます。放置しておくと、腐って実が傷む原因になることも。花は食用にできるので（下記参照）、花だけきれいにとるほか、子房ごと収穫する「花ズッキーニ」にしてもよいでしょう。

実の大きさ20〜30cmを目安に収穫

　開花後から3〜4日で果実がどんどん大きくなるので、タイミングを逃さないようにしましょう。実の長さが20〜30cmくらいになったら収穫適期。根元をハサミで切りとります。雨天に行うと、切り口から病原菌が入りやすいので、収穫は晴れた日に行いましょう。葉のトゲにも注意して。

ズッキーニの花はごちそう

フリットはイタリア料理の定番

　ズッキーニのきれいな大きな花は、食用にされることでも有名。花の中の雌しべや雄しべはハサミで切りとり、チーズやリゾットを詰め、水で溶いた小麦粉をまぶして揚げるフリットや、ひき肉だねを入れて焼くのが一般的。花は鮮度が命なので、とったその日に調理するのがベスト。美しい花を食べるのは、まさに菜園家の醍醐味です。

冷蔵保存　2週間

乾燥に弱いのでペーパーで包んで

水けをふきとってからペーパーやラップに1本
ずつ包み、保存袋に入れて野菜室で保存。

切ると傷みやす
くなるので冷蔵
保存の場合は
丸ごと。

冷凍保存　1か月

輪切りや棒状で使いやすく

くせがなくどんな食材とも合わせやすいので、
冷凍しておくと重宝。輪切りや棒状にしておく
とよいでしょう。太いものは半月切りにして
も。冷凍後は味が入りやすいので、ラタトゥイ
ユ（→p47）などの煮込みにも最適。

輪切りで冷凍

3〜4mm厚さの輪切りにし、
保存袋に平らに並べて冷凍。

利用法

●凍ったままドレッシングを
かけて自然解凍。サラダや
冷製パスタに。
●凍ったまま汁ものや煮も
のに入れて煮る。

棒状で冷凍

長さを3等分に切り、縦6〜
8等分に切る。保存袋に平
らに並べて冷凍。

利用法

●凍ったまま肉を巻いて、
焼いたりフライにしたり。
●凍ったままカレーやシ
チューなどの煮込みに。

冷凍ズッキーニを使って

ズッキーニのドレッシングマリネ

材料（作りやすい分量）
冷凍ズッキーニ（棒状）…½本分
好みのドレッシング…適量
作り方
❶ポリ袋に冷凍ズッキーニを入れ、ドレッシングを注ぐ。
空気を抜いて口を結び、自然解凍させる。

冷凍ズッキーニを使って

豚汁

材料（作りやすい分量）
冷凍ズッキーニ（輪切り）…½本分
豚バラ薄切り肉…100g
玉ねぎ…1個
にんじん…½本
サラダ油またはごま油…大さじ1
水…600cc
みそ…大さじ1
一味とうがらし（好みで）…少々
作り方
❶豚バラ肉はひと口大に切る。玉ねぎはく
し形切りにする。にんじんはいちょう切り
にする。
❷鍋にサラダ油を熱し、豚バラ肉を炒め
る。肉の色が変わったら玉ねぎとにんじん
を加えて炒めあわせる。全体に油が回った
ら、水を入れて強火にする。
❸沸騰したら冷凍ズッキーニを加える。再
び沸騰したら弱めの中火にして煮る。全て
の材料に火が通ったらみそを溶かし入れ
て、味をととのえる。
❹器に盛り、好みで一味とうがらしをふる。

消費レシピ

ラタトゥイユ

材料（作りやすい分量）

ズッキーニ…3本
なす…3〜4本
玉ねぎ…1個
トマト…2〜3個
にんにく…1かけ
オリーブ油、サラダ油
　　　…各大さじ2
ローリエ（あれば）…1枚

A ┌ 塩…小さじ1〜2
　│ 白ワインまたは
　│ 　日本酒…50cc
　└ 砂糖…小さじ1

酢…大さじ1

作り方

❶ズッキーニは、1cm厚さの輪切りにする。なすは縦半分に切ってから4cm幅に切って水にさらす。玉ねぎはくし形切り、トマトはざく切りにする。にんにくは半分に切ってから押しつぶす。

❷鍋にオリーブ油とサラダ油、にんにく、ローリエを入れて弱火にかける。香りが立ったら、水けをきったなすとズッキーニ、玉ねぎを加えて中火で炒める。

❸油が回ったらトマトとAを加え、ふたをして約20分蒸し煮にする。なすがつぶれないように気をつけながら1〜2回上下を返す。

❹火が通り、煮汁が煮詰まってきたら酢を回しかけてひと煮する。

ズッキーニの豚バラ巻き焼き

材料（作りやすい分量）

ズッキーニ…2本
にんにくのすりおろし…1〜2かけ分
豚バラ薄切り肉…12枚
塩、粗びき黒こしょう…各少々
サラダ油…大さじ1〜2
しょうゆ…小さじ1

作り方

❶ズッキーニは縦6等分に切る。

❷豚バラ肉を広げて塩、粗びき黒こしょうをふり、にんにくのすりおろしをぬる。

❸ズッキーニの両端を1〜2cm残しながら、豚バラ肉1枚を斜めにクルクルと巻く。残りも同じように巻く。

❹フライパンにサラダ油を入れて中火で熱し、肉の巻き終わりを下にしてズッキーニを並べて焼く。焼き色がついたら転がしながら焼く。焼き上がったら火を止めて、しょうゆをさっと回しかける。

 ズッキーニは生で食べられる野菜なので、お肉が焼けたらOKです。

オクラ

種まき　4月中旬〜5月下旬
収　穫　6月中旬〜10月上旬

冷蔵　冷凍

収穫のコツ

人さし指の大きさになったら収穫どき

オクラの花は早朝に咲き、夕方にしぼむ1日花。そして開花から3〜4日後、実が7〜8cm、人差し指大になったらハサミで収穫します。

収穫時期を逃さないで！

実はどんどん大きくなるので、花が咲き始めたら収穫を意識しておきましょう。オクラはとり遅れると、すじばってかたくなります。実の先端が手でプチッと折れれば、まだおいしく食べられます。折れなければ、とり遅れです。もしとり遅れたら、下のようにすりおろすとよいでしょう。とはいえ、おいしいのはフレッシュなやわらかいとき。収穫時期を逃さないように注意しましょう。

長く収穫したいときは「下葉かき」

実を収穫したら、そのすぐ下の葉を1枚残し、その次の葉から下の葉を切り落とします。これを下葉かきといいます。

葉を落として少なくすることで、新しい葉や実に養分を集中させるためです。収穫のたびに下葉かきをすれば、長期間収穫できるようになります。風通しもよくなるので、病害虫対策も兼ねた一石二鳥の方法です。

収穫のたび、収穫した実のすぐ下の葉を残し、それより下の葉は切り落とす。これで収穫期間が長くなる。

ミニ知識

かたくなったオクラはすりおろして食べる

オクラはとり遅れると数日でかたくなってしまいます。普通にゆでて食べようとすると、かたいすじが口に残っておいしくありません。そんなときは、すりおろして、納豆やとろろ、大根おろしなどに入れて食べるとよいでしょう。

品種により板ずりを

家庭菜園のオクラでは、産毛が強いことも多いもの。そのままだと食感がよくないので、板ずりしてから調理するのをおすすめします。

まな板などにオクラをおいて塩をかけ、指先でころころ転がします。すると産毛がとれるので、洗い流して調理します。

冷蔵保存 4〜5日

低温に弱いので野菜室へ

ペーパーで包んで、保存袋に入れて野菜室で保存。低温に弱いので冷やしすぎないようにします。

水分をしっかりとって、ペーパーに包むのがおすすめ。

冷凍保存 1か月

加熱調理にも、自然解凍してそのままでも

丸のまま保存袋に入れて冷凍庫へ。輪切りにしたものは、平らに広げて保存袋へ入れておくと、とり出しやすく使いやすい。

丸ごと冷凍

へたの端を少し切り落とし、がくのかたい部分をくるりと切り落とし、保存袋に入れ、空気を抜いて冷凍。

利用法
●凍ったままカレーに加えて煮込んだり、肉と炒めたり。

輪切りで冷凍

薄い輪切りにして保存袋に入れ、平らに広げ、空気を抜いて冷凍。

利用法
●凍ったままだし汁に入れ、ひと煮してみそ汁や吸い物に。
●湯をかけて解凍し、納豆やかつお節とあえて。冷ややっこの薬味や卵焼きの具材に。

消費レシピ

オクラのマヨみそ焼き

材料（作りやすい分量）
オクラ…20本
マヨネーズ…大さじ3〜4
みそ…大さじ1
七味とうがらし（好みで）…少々

作り方
❶オクラはへたの端を少し切り落とし、ガクのかたい部分をぐるりと切り落とす。
❷マヨネーズとみそをよく混ぜあわせ、オクラを加えてからめる。
❸耐熱皿に❷を並べ、オーブントースターで、しんなりするまで焼く。好みで七味とうがらしをふる。

玉ねぎ

植えつけ　11月上旬〜12月上旬
収　穫　　5月上旬〜6月下旬

常温　　冷凍　　漬けもの

収穫のコツ

葉が8割倒れたら、晴天の日に収穫

　玉ねぎは湿気が大敵。抜いた玉ねぎを湿らせないように、晴天が続き、土が乾燥している日に収穫します。タイミングは、球が大きくふくらんで、葉の8割ほどが根元から倒れるようになったとき。葉の根元を持って、真上に引き抜きます。抜けないときは、株の周囲にスコップを刺し、張った根を切るとよいでしょう。

収穫後は葉を切り落とさない

　収穫したての玉ねぎには水分がたっぷり。収穫後すぐに葉を切り落とすと、そこから腐りやすくなります。乾燥させるときにも葉を利用するので、切らずにそのままにしておきます。

しっかり乾燥させて長期保存

　収穫した玉ねぎは、半日ほど畑に並べて乾かします。畑から引き上げたあとは、葉を束ねて株元をひもでまとめ、風通しのいい日陰にぶらさげ、さらに乾燥させます。ネットに入れて干す場合は、葉を切りとります。

干しながら保存。落ちてしまったら、ネットやかごに入れてつるして。

株間15cmで植えるときれいな球に

　玉ねぎは、株間をとりすぎると、大きく生長しすぎて2つの球に分離してしまうことがあります。苗の植えつけは15cm間隔の穴あきマルチを使って植えるのがおすすめ。植えつけ後は、2月上旬と3月上旬に1回ずつ、1株につき化成肥料を20〜30粒まいて追肥します。

プロの技!

玉ねぎは春植えもできる？

　冬越し野菜の代表格の玉ねぎですが、春の植えつけも可能。秋植えよりも小ぶりになりますが、秋植えが間に合わないときや苗が余ったときにおすすめです。苗は秋に入手し、直径9cmのポリポットに7〜8本まとめて植え、日当たりのいい屋外で管理。土が乾燥したら水をやります。3月上旬〜中旬に植えつければ、6月ごろに収穫できます。

植えつけ時に苗の根を切り、水につける

　苗の根を切って水を吸わせると、刺激を受けて新しい根が伸びやすく、根つきがよくなります。根を3cmほど残してハサミで切り、切った直後に根の部分だけ水につけて10〜15分吸水。根のまとまりもよくなるので、植えつけ作業も楽になります。

常温保存 〔5か月〕

丸のままなら基本は常温保存

室内で保存するときは、葉を落として土を払い、紙袋やかごなど通気性のよいものに入れて、風通しのよい場所で保存します。むれると傷みやすいので、夏の高温と湿気は禁物。

紙袋の口はあけたまま保存。

冷凍保存 〔1か月〕

冷凍しておくと料理が時短に

粗いみじん切り、薄いくし形切り、くし形切りなど、使いやすい形に切って冷凍します。凍ったまま、さっと使えて便利です。

みじん切りで冷凍

少し粗めのみじん切りにして、保存袋に入れて平らに薄く広げ、空気を抜いて冷凍。

〔利用法〕
●凍ったままひき肉に加えて混ぜ、ハンバーグやつくねに。

薄いくし形切りで冷凍

薄いくし形切りにし、保存袋に入れて平らに広げ、空気を抜いて冷凍。

〔利用法〕
●凍ったまま汁ものに加えてひと煮する。
●ドレッシングなどの調味料をかけて解凍し、あえものに。

くし形切りで冷凍

くし形切りにして、保存袋に入れて平らに広げ、空気を抜いて冷凍。

〔利用法〕
●凍ったまま肉じゃがやシチュー、カレーなどの煮込み料理に加えて。

冷凍玉ねぎを使って

牛丼

材料（2～3人分）
冷凍玉ねぎ（薄いくし形切り）…½個分
牛こま切れ肉…200g
A ┌ しょうがのせん切り…1かけ分
  │ しょうゆ…大さじ4　酒、みりん…各50cc
  └ 砂糖…大さじ3　水…200cc
温かいご飯…2～3杯分
紅しょうが、一味とうがらし…好みで各少々

作り方
❶鍋にAを入れて中火にかけ、沸騰したら凍ったまま玉ねぎを加える。
❷再び沸騰したら牛肉を加えてほぐす。
❸牛肉に火が通りアクが出てきたら除き、強めの弱火にして20分ほど煮込む。
❹器にご飯をよそい、汁けを軽くきった❸をのせる。好みで煮汁を回しかけ、紅しょうがを添えたり、一味とうがらしをふる。

玉ねぎたっぷり炊き込みご飯

材料（作りやすい分量）
冷凍玉ねぎ（みじん切り）…½個分
米…2合　塩…小さじ½
コンソメスープの素（固形）…½個
粉チーズ…大さじ1～2
粗びき黒こしょう…適量

作り方
❶米は洗ってざるに上げ、炊飯器の内釜に入れて水を2合目まで入れる。30分ほど浸水させる。
❷塩を加えてサッと混ぜる。米を平らにならし、凍ったままの玉ねぎ、くだいたコンソメを広げて炊く。
❸炊き上がったら粉チーズと粗びき黒こしょうをかけ、切るように大きく混ぜる。

漬けもの　冷蔵で2〜3週間

玉ねぎの塩水漬け

冷蔵で約2週間
（漬け汁が玉ねぎにかぶった状態で）

材料（作りやすい分量）
玉ねぎ…2個（皮などを除いて400g）
塩…12g（玉ねぎの重さの3％）
水…100cc

作り方
❶玉ねぎはみじん切りにする。
❷保存袋に玉ねぎと塩を入れてもみ、全体になじませる。水を加え、空気を抜きながら口を閉じる。バットにのせ、直射日光が当たらない涼しい場所においておく。春〜夏なら1〜3日間、秋〜冬なら4〜6日間程度。
❸汁が白くにごって、辛みがなくなり、かすかに酸味が出てきたら、清潔な保存びんに移して冷蔵庫に入れる。

玉ねぎのトマトジュースピクルス

冷蔵で2〜3週間

材料（作りやすい分量）
玉ねぎ…½個
にんじん、セロリ…各½本
にんにく…1かけ
赤とうがらし…1本
A ┌トマトジュース（無塩）…200cc
　│酢…100cc
　│塩…大さじ½
　│砂糖…大さじ3〜4
　└ローリエ…1枚

作り方
❶玉ねぎは横半分に切ってから2cm幅に切ってほぐす。にんじんとセロリは5cm長さの棒状に切る。
❷にんにくは薄切りにする。赤とうがらしは半分に切って種をとる。
❸耐熱容器に②とAを入れ、ラップをせずに電子レンジ（600W）で1分半加熱する。
❹清潔な保存びんに①を入れ、粗熱がとれた③を注ぎ、ぴったりとラップをかける。ふたをして冷蔵庫で1〜2週間漬ける。

塩を全体に行き渡らせてから水を加える。

袋の空気を抜いて口を閉じ、涼しい場所においておく。

（利用法）
●玉ねぎの塩水漬けは、ドレッシングやあえもの、魚介のマリネ、焼いた肉のソース、納豆や冷ややっこの薬味などに。マヨネーズと合わせ、フライやから揚げのソースに。
●漬け汁は、キムチ鍋、めん類の漬け汁に少し加えるとうまみがアップ。

マヨネーズに
混ぜてソースに

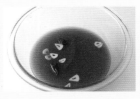

電子レンジにかけるときはラップ不要。

ラップを手でおさえて、空気が入らないようにする。

オニオングラタンスープ

材料（作りやすい分量）
玉ねぎ…4個（約800g）
にんにく…1かけ
サラダ油…大さじ4
水…1ℓ
コンソメスープの素
　（固形）…2個
塩…小さじ1
こしょう…少々
バゲット…適量
ピザ用チーズ…適量

電子レンジで加熱して、炒める時間を短縮しています。

作り方
❶玉ねぎはみじん切りに、にんにくは薄切りにする。
❷耐熱容器に玉ねぎを入れ、サラダ油を回しかけて混ぜる。ふんわりとラップをかけ、電子レンジ（600W）で10分加熱する。
❸鍋に❷を入れ、茶色になるまで20〜30分、弱めの中火で炒める。
❹水とスープの素を加えて強火にし、沸騰したらアクをとる。塩、こしょうで味をととのえ、ふたをして中火で10分煮る。
❺バゲットは1㎝厚さの輪切りにしてオーブントースターでカリッと焼く。
❻耐熱のスープ皿に❹を注ぎ、❺とピザ用チーズをのせる。220℃に温めておいたオーブンで7〜8分焼く。

ゴロッと玉ねぎ入りメンチカツ

材料（8個分）
玉ねぎ…1個
合いびき肉…600g
A ┌中濃ソース、トマトケチャップ…各小さじ1
　├溶き卵…1個分　パン粉…20g
　└塩、こしょう…各少々　水…大さじ1
B ┌溶き卵…1個分
　└水…60〜90cc
小麦粉、パン粉…各適量　揚げ油…適量
キャベツのせん切り、ソース…各適量

作り方
❶玉ねぎは半分に切る。内側の3枚をばらさずに外し、それぞれを縦4等分に切る。外側はみじん切りにする。
❷みじん切りにした玉ねぎ、ひき肉、Aを粘りが出るまで混ぜ、8等分にする。
❸❷の⅛量のまん中に、かたまりの玉ねぎを入れて形を整える。小麦粉、よく混ぜたB、パン粉の順に衣をつけていく。
❹揚げ油を160℃に熱し、❸をカラッと揚げる。肉だねがくずれやすいので、すぐには触らず、3〜4分揚げたら裏返し、さらに3〜4分揚げる。
❺キャベツとともに器に盛り、ソースをかける。

じゃがいも

植えつけ　2月下旬～4月上旬、8月下旬～9月中旬
収　　穫　6月上旬～7月下旬、11月中旬～12月下旬

（常温）（冷凍）（おかずの素）

収穫のコツ

葉や茎が枯れ始めたら収穫適期

　葉や茎が枯れ、黄色みを帯びてきたら収穫適期のサイン。地上に近いいもを掘ってみて、好みの大きさに生長していたら、株元を持っていもを掘り上げます。小さいいもや皮肌が緑色になったいもにはソラニン（右下参照）が含まれているので、食べるのは控えましょう。

　最後に掘り残しのないよう、土の中を手で探って必ず確認しましょう。

湿気は大敵！　収穫後はよく乾かす

　じゃがいもは湿気に弱く、腐りやすいので、掘り上げたいもは、ついている土が乾くまで半日ほど畑に広げて乾かします。そのとき、傷んでいるいもがあったら処分します。500円玉より小さいいもも、ソラニンが含まれているので処分しましょう。

収穫は晴天が続いたときに

　収穫後のじゃがいもを乾かすときに畑の土が湿っていると、乾くどころか湿気るばかり。いもが腐りやすくなるので、収穫は晴天が数日続いて、土が乾燥している日に行いましょう。雨が続いたときは、収穫せずに待つのが賢明です。

　新しいいもは、種いもの上にできるので、生長すると地中から出てしまうことがあります。栽培中は、いもを大きくするためにも、ソラニン防止のためにも、土寄せを行うことが大切です。周囲の土をクワですくって株の根元に被せます。このとき、いもを傷つけないように注意しましょう。

ミニ知識

芽や皮の緑色は、有害物質ソラニン。食べてはいけません

　小学校で、育てたじゃがいもを食べて中毒を起こしたというニュースを毎年のように耳にします。中毒の原因は、じゃがいもの芽や緑色の皮、未熟な小さないもに多く含まれている「ソラニン」。食べると嘔吐や腹痛を起こします。

　小さないも、緑色になったいも、芽が出たいもは、食べずに処分すること。また、保存するときは、日の光や蛍光灯などの光を避け、緑化や発芽を防止することが大切です。さらに、いもに傷がつくことでもソラニンがふえるので、収穫、保存の際に傷つけないよう注意しましょう。光を避け、傷つけないようにするため、調理の直前まで水洗いしないようにします。

プロの技！

大きい種いもはカットして使う

　大きい種いもは、50～60gの大きさに切って植えるとお得。芽がある部分からへそ（へこんだ部分）に向かって縦方向に切ります。横向きに切ると、養分や水分を運ぶ管が寸断され、生育が悪くなることがあります。

常温保存　〔3か月〕

光が当たらないように紙袋へ

紙袋へ入れて、通気性のよい暗い場所で保存します。湿気があると腐敗や発芽の原因になります。また、光が当たると緑化するので、必ず日差しや光の当たらないところにおきます。りんごを入れておくと、エチレンガスで発芽が抑えられます。

りんごを入れ、風通しのよい場所で保存。

冷凍保存　〔1か月〕

ゆでてからでも、そのままでも使い勝手よし

ゆでてつぶして冷凍すると、サラダやつけあわせに便利。生のまま冷凍すると、加熱したとき生のものより早く火が通り、味も早くしみます。

半月切りで冷凍

皮をむいて1cm厚さの半月切りにする。軽く水にさらして水けをふきとり、保存袋へ入れ、空気を抜いて冷凍。

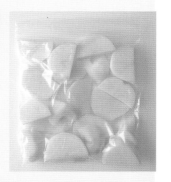

〔利用法〕
●凍ったまま炒めものや汁もの、揚げものに。

マッシュで冷凍

ゆでてマッシャーでつぶし、冷めたら保存袋へ入れ、平らに広げて板状にのばし、空気を抜いて冷凍。

〔利用法〕
●解凍してコロッケやグラタン、チーズ焼き、ポテトサラダに。

ひとロ大で冷凍

大きめのひと口大に切り、軽く水にさらして水けをふきとり、保存袋へ入れ、空気を抜いて冷凍。

〔利用法〕
●凍ったまま肉じゃがなどの煮ものやカレー、シチューに。
●凍ったまま蒸し焼きにしてふかしいもに。

冷凍じゃがいもを使って

ジャーマンポテト

材料（2人分）
冷凍じゃがいも
　（半月切り）…200g
にんにく…1かけ
ウインナー…3〜4本
オリーブ油…大さじ2
塩…小さじ¼
粗びき黒こしょう…少々

作り方
❶にんにくは半分に切って包丁の腹でつぶす。ウインナーは半分に切る。
❷フライパンにオリーブ油とにんにくを入れて弱火にかける。香りが立ったら中火にし、冷凍じゃがいもとウインナーを入れてさっと炒め、ふたをして5〜6分蒸し焼きにする。途中で何回か上下を返す。
❸ふたを外して水けを飛ばし、塩と粗びき黒こしょうで味をととのえる。

レンチンじゃがいもポタージュ

材料（1人分）
冷凍じゃがいも（マッシュ）…50g
水…50cc　牛乳…100cc
コンソメ、塩、こしょう…各少々
作り方
❶マグカップに冷凍じゃがいもと水を入れ、ラップをふんわりとかけて電子レンジ（600W）で1〜2分加熱して解凍する。
❷ラップを外して残りの材料を加えてスプーンでよく混ぜる。
❸再びラップをして電子レンジ（600W）で1〜2分加熱して温める。

じゃがいものミルク煮

じゃがいもを牛乳でやわらかく煮たミルク煮は、
簡単アレンジでグラタンやスープに早変わり。
にんにくの香りが食欲をそそります。

材料（作りやすい分量）
じゃがいも…4個（約500g）
にんにく…1かけ
塩…小さじ½
牛乳…適量

作り方
❶じゃがいもは1cm厚さの半月切りにする。
にんにくは包丁の腹でつぶす。
❷①と塩を鍋に入れ、ひたひたになるまで牛乳を注
ぎ、弱めの中火で煮る。じゃがいもがやわらかくなっ
たら火を止め、保存容器に入れる。

牛乳の膜は、やわらかく煮る
のにちょうどよいふた代わり。
とったり穴を開けたりせずそ
のままにしておくのがコツ。

できあがり。牛乳の膜はその
ままにして汁けが少なくなる
まで煮る。

じゃがいものミルク煮を使って

大人も子どもも
大好きな味！

じゃがいもグラタン

材料（2人分）
じゃがいものミルク煮…2個分
ベーコン…2枚
コンソメスープの素（固形）…½個
牛乳…400cc　小麦粉…大さじ4
マヨネーズ…大さじ2
ピザ用チーズ…適量

作り方
❶ベーコンは3cm幅に切る。
❷鍋にじゃがいものミルク煮、ベー
コン、コンソメ、牛乳を入れて中火
にかける。沸騰したら弱火にする。
❸小麦粉とマヨネーズをよく混ぜ合
わせ、②の煮汁を加えてのばす。
❹②に③を入れ、とろみが出るまで
弱火で煮る。
❺耐熱容器に入れてチーズをかけ、
オーブントースターで焦げ目がつく
まで焼く。

チーズガレット

材料（作りやすい分量）
じゃがいも…3個（約400g）
ピザ用チーズ…100g
塩…小さじ½
粗びき黒こしょう…少々
オリーブ油…大さじ2〜3
ハーブ（好みで）…適量
作り方
❶じゃがいもはせん切りにする。水にはさらさない。
❷じゃがいも、ピザ用チーズ、塩、粗びき黒こしょうをよく混ぜる。
❸フライパンにオリーブ油を熱し、②を食べやすい大きさに薄く広げる。フライ返しでギュッと押しつけながら焼く。焼き色がついたら裏返し、同様に焼く。
❹器に盛り、好みでハーブを添える。

 フライパン一面に大きく焼いてもOK。おつまみに作ると好評な一品です。

せん切りポテトサラダ

材料（作りやすい分量）
じゃがいも…3個（約400g）
A ┌マヨネーズ…大さじ4
　│酢…小さじ1
　│塩…小さじ⅓
　│こしょう…少々
　│粉チーズ…大さじ1
　└パセリのみじん切り…大さじ1
作り方
❶じゃがいもはせん切りにし、水にさらしてざるに上げる。
❷鍋に湯を沸かし、じゃがいもを入れて中火にする。沸騰したらざるに上げる。流水でもんでぬめりをとり、水けをしっかり絞る。
❸Aを混ぜあわせ、②を加えてあえる。

とうもろこし

種まき　　4月上旬〜5月中旬
収　穫　　7月上旬〜8月中旬

（冷蔵）（冷凍）（おかずの素）

収穫のコツ

1株1本にし「ヤングコーン」も楽しむ

　粒が充実したとうもろこしを育てるには、1株につき実を1本にするのが鉄則。いちばん上の雌穂（しずい）を残し、ほかの雌穂は実が大きくならないうちに手でかきとります。

　とった雌穂は「ヤングコーン」としていただきましょう。皮をむくと現れる色白の小さなとうもろこしは、みずみずしく、シャキシャキした歯ごたえが特徴。ゆでても炒めても焼いても、おいしく味わえます。

ヤングコーンは菜園ならではの楽しみ！　さっとゆでて、みずみずしさを味わって。

「若どり」がジューシーで美味

　人工授粉から20〜25日後に、雌穂のひげが茶色にちぢれて変色したら収穫適期です。茎と反対側に倒すと簡単にもぎとれます。とり遅れると、かたくなったり甘さがなくなったりするので「若どり」がおすすめ。先端の皮を少しめくり、粒がうっすらと黄色になっていたら収穫できます。

実をしっかり持って、外側に倒して収穫。若どりのとりたてなら、生でかじってもおいしい！

調理直前まで皮はむかない

　収穫後は、鮮度が急速に落ちていきます。自身の発する熱で水分が蒸発するからです。できるだけ早く調理するのがおいしく食べるコツ。収穫は帰宅直前にし、収穫後にしばらくおくようなら、必ず日陰におきます。

　また、水分の蒸発を少しでも減らすため、皮は調理の直前までむかないことも大きなポイントです。

電子レンジで加熱するなら、皮を2枚ほど残し、ラップをかけずに加熱する。

プロの技！

風で倒れても、起こさずそのまま放置！

　とうもろこしは背が高く、台風などで倒れてしまうこともあります。しかし、倒れた茎を無理やり起こそうとすると、倒れて傷ついた根がさらにダメージを受けて弱ってしまいます。数日たつと自然に立ち上がってくるので、そのままにしておきましょう。

冷蔵保存　1週間

収穫したらすぐに加熱し、保存する

収穫後はすぐに加熱します。保存するには、ゆでてまだ熱いうちにラップで包みます。すると水分や香りが飛ばず、粒にしわが寄らずに保存できます。そのまま冷まして冷蔵庫へ。収穫後からどんどん甘みが減っていくのですぐに加熱をしましょう。

加熱後、熱いうちに包むのがおいしく保存するコツ。

冷凍保存　1か月

包丁で軸から削りとって冷凍

生のまま実だけを削りとって保存袋へ入れて冷凍します。包丁を使えば手で外すより早くて簡単。料理には凍ったまま使えます。

粒状で冷凍

長さを半分に切り、立てて包丁を入れて粒を落とす。

保存袋に広げ入れ、空気を抜いて冷凍。

利用法

● 凍ったまま煮てスープやシチュー、白菜のミルク煮などに。
● 凍ったまま蒸し炒めにしてオムレツやバターしょうゆ炒めに。
● 湯をかけて解凍し、蒸しパンやホットケーキに加えて。

冷凍とうもろこしを使って

つぶつぶコーンのかきたまスープ

材料（2人分）

冷凍とうもろこし…100g　長ねぎ…5cm
卵…1個　塩、こしょう…各少々
水…400cc　中華顆粒だし…小さじ1
A（片栗粉…大さじ1　水…大さじ2）

作り方

❶長ねぎはみじん切りにする。ボウルに卵を割りほぐし、塩、こしょうをふる。
❷鍋に水と中華顆粒だしを入れて中火にかけ、沸騰したら冷凍とうもろこしを加える。再び沸騰したら1分ほど煮て、長ねぎを加える。
❸Aを混ぜて②に回し入れ、とろみをつける。溶き卵を菜箸に伝わらせながら回し入れ、ふんわりしたら火を止め、塩、こしょうで味をととのえる。

冷凍とうもろこしを使って

コーン入りホットケーキ

材料（2人分）

冷凍とうもろこし…150g
卵…1個
牛乳…150g
ホットケーキミックス
　…200g
バター…10g
ベーコン、ベビーリーフ
（ともに好みで）
　…各適量

作り方

❶耐熱容器に冷凍とうもろこしを入れ、ふんわりとラップをかけて、電子レンジ（600W）で1〜2分加熱し、冷ます。
❷ボウルに卵と牛乳を入れて混ぜ、ホットケーキミックスを加えて混ぜる。水けをきった①を加えてさっと混ぜる。
❸フライパンにバターを溶かし、②を¼量流し入れる。フツフツと穴があき、焼き色がついたら裏返す。残りも同様に焼く。
❹器に盛り、カリカリに焼いたベーコンとベビーリーフを添える。

おかずの素 　冷蔵で3〜4日

ゆでとうもろこし

ゆでて粒状にしたとうもろこしは、
そのまま即使えるのでとっても便利。
サラダ、パスタやオムレツに
入れてなど使い道はいろいろ。

材料（作りやすい分量）
とうもろこし…適量
作り方
❶とうもろこしは、ゆでるか、ラップで
包んで電子レンジ（600W）でとうもろこ
し1本につき4分加熱する。粗熱がとれ
たら包丁で実を削りとって粒状にして、
冷めたら保存袋に入れる。

とうもろこしとチーズの
オープンオムレツ

材料（3〜4人分）
ゆでとうもろこし
　　…½カップ
プロセスチーズ…4枚
卵…4個
マヨネーズ…大さじ2
塩、こしょう…各少々
サラダ油…大さじ2〜3
イタリアンパセリ
　　（きざんで）…適量

作り方
❶プロセスチーズは1㎝角に切
る。
❷卵を溶きほぐし、ゆでとうもろ
こし、プロセスチーズ、マヨネー
ズ、塩、こしょうを入れて混ぜ
る。
❸フライパンにサラダ油を中火で
熱し、②を流し入れる。菜箸で大
きくかき混ぜながら好みのかたさ
にし、器に盛ってイタリアンパセ
リを散らす。

バターコーン　

材料（2人分）
ゆでとうもろこし…100g
バター…15g
塩、こしょう…各少々
しょうゆ…小さじ1

作り方
❶ゆでとうもろこしは耐熱皿に入
れ、ラップをかけて電子レンジ
（600W）で1〜2分ほど加熱す
る。
❷フライパンにバターを入れて弱
火にし、溶けたら中火にして①を
加えて混ぜる。塩、こしょうをふ
り、しょうゆを回しかける。

とうもろこしと
コンビーフのパスタサラダ

材料（作りやすい分量）
ゆでとうもろこし…½カップ
玉ねぎ…½個　コンビーフ…1缶（80g）
酢…大さじ2
A ┌ カレー粉、砂糖…各小さじ1
　└ マヨネーズ…大さじ3〜4　塩…少々
マカロニ…100g
作り方
❶玉ねぎは薄切りにする。コンビーフは粗くほぐす。
❷玉ねぎと酢をあえて5分おく。Aとゆでとうもろ
こし、コンビーフを加えてよくあえる。
❸マカロニはたっぷりの湯で、表示通りにゆでる。
ざるに上げて水で洗い、ペーパーで水けをふきとっ
て②に加えてあえる。

とうもろこしの芯からおいしいだしが出ます。ご飯やスープ（下参照）には、ぜひ使ってみてください。

消費レシピ

とうもろこしご飯

材料（作りやすい分量）
とうもろこし…2〜3本
米…4合　塩…小さじ1と½
作り方
❶米はといでざるに上げ、水けをきって炊飯器の内釜に入れる。水（分量外）を4合目まで入れ、30分ほどおく。
❷とうもろこしは長さを3等分にして実を削りとり、芯は残しておく。
❸①に塩を加えて混ぜ、表面を平らにならし、とうもろこしの実と芯をのせて炊く。炊き上がったら芯をとり除き、さっくりと混ぜる。

コーンポタージュ

材料（作りやすい分量）
とうもろこし…4本　玉ねぎ…2個
サラダ油…大さじ2　コンソメスープの素（固形）…1個
牛乳…400cc　塩、こしょう…各少々
パセリ（きざんで）…適量
作り方
❶とうもろこしは2〜3等分に切り、実を削りとる。芯は残しておく。玉ねぎは横薄切りにする。
❷鍋にサラダ油を熱し、玉ねぎを炒める。しんなりしたらとうもろこしの実と芯、コンソメスープの素を入れて、水（分量外）をひたひたに加えて強火にかける。沸騰したら弱めの中火にして、10分ほど煮込む。
❸火を止めて冷まし、粗熱がとれたらとうもろこしの芯をとり除き、ミキサーにかける。
❹ボウルにざるを重ね、③を入れてこす。すぐに食べない場合は、この状態で保存袋か製氷皿に入れて冷凍する。
❺鍋に入れ、牛乳を加えてのばし、火にかける。沸騰したら塩とこしょうで味をととのえ、パセリをちらす。

保存袋か製氷皿で冷凍保存できる。2週間を目安に食べきって。

ゆでたパスタを入れてスープパスタもおいしい!

61

レタス

植えつけ　4月上旬～5月中旬、9月中旬～10月下旬
収　　穫　5月中旬～6月下旬、10月下旬～12月中旬

冷蔵　冷凍　漬けもの

収穫のコツ

玉レタスとリーフレタスがある

　レタスには、結球する玉レタスと、完全には結球しないリーフレタスがあります。玉レタスの栽培は、やや難易度が高いので、初心者にはリーフレタスがおすすめです。サニーレタス、フリルレタス、サンチュなど、さまざまな種類があります。

リーフレタスは「かきとり収穫」

　リーフレタスは結球しない分、玉レタスより短期間で収穫できます。草丈30～40cmに生育したら、株ごと包丁で切って収穫するほか、外葉から1枚ずつかきとる「かきとり収穫」をしてもOK。中心部から次々と新しい葉が出て長期間収穫が楽しめます。

いろいろなリーフレタス

サニーレタス　　　　ハンサムレタス　　　　サンチュ

玉レタスは頭を触って確認

　結球する玉レタスは、頭の部分がふんわりと葉が巻いて弾力があり、全体の巻きが揃っていたら収穫できます。株元に包丁を入れ、一気にカットします。

切り口から出る白い汁はふきとる

　収穫したレタスの切り口から出る、白い乳液状の汁は、とりたての新鮮な証拠。ただし白い汁を放置しておくと、切り口が赤く変色するのでふきとりましょう（下記参照）。

収穫後、レタスの根は必ずとる

　収穫後、畑に残った根は、放置すると土中でどんどん伸びてしまい、回収が大変になります。レタス収穫後は、根も忘れずにすぐにとり除きましょう。

ミニ知識　切り口から出る白い液体の正体とは？

　レタスの芯から出る牛乳のような白い液体は「ラクチュコピクリン」というポリフェノールの一種。苦味成分のひとつで、催眠・鎮静作用があると言われています。レタスの和名の「ちしゃ」は「乳草」の略であり、レタスの属名「Lactuca」もラテン語の"乳"を意味する「lac」に由来しているとか。ラクチュコピクリンは、空気に触れると酸化して赤く変色する特徴があるため、収穫後は切り口をふきとります。

冷蔵保存　1週間

ペーパーに包んでレタスの水け
をキープ。

爪楊枝をさして生長点を壊すと長持
ちする。

ペーパーに包んで冷蔵

ぬらしたペーパーをレタスの芯に当て、ペーパー
で全体を包んで保存袋へ入れ、野菜室に立てて
保存。芯に爪楊枝をさしておくと、生長点が壊
れて水分が使われにくくなり、鮮度が落ちにく
くなります。赤く変色した部分はそのつど切って。

冷凍保存　1か月

ひと口大で冷凍

ひと口大にちぎり、水け
をふいて保存袋へ入れ、
空気を抜いて冷凍。

利用法
●凍ったまま汁ものや炒
めものに加える。

冷凍保存した葉はそのまま加熱調理

そのまま冷凍保存が可能です。1枚ずつ水けを
ふきとり、冷凍します。冷凍すると線維が壊れ
てやわらかくなるので、サラダには不向き。
チャーハンやスープに。

1枚ずつ冷凍

葉を1枚ずつはがし、水け
をふいて保存袋へ入れ、
空気を抜いて冷凍。

利用法
●凍ったままチャーハン
や肉炒め、あんかけなど
の炒めものに。

冷凍レタスを使って

レタス入り鮭チャーハン

材料（2人分）
冷凍レタス（ひと口大）
　…2枚分
鮭フレーク…30g
卵…3個
ご飯…2杯分
塩、こしょう…各少々
長ねぎのみじん切り…½本分
サラダ油…大さじ1
しょうゆ…大さじ½

作り方
❶冷凍レタスは袋の上からもんで粗く砕く。
❷ボウルに卵を溶きほぐし、ご飯を加え
て混ぜ、塩、こしょうをふる。
❸フライパンにサラダ油を中火で熱し、
②を入れて炒める。ご飯がパラパラになっ
たら、長ねぎ、鮭フレークを加えて炒め
る。塩、こしょう、しょうゆで味をととの
のえ、凍ったレタスを加えてさっと炒め
あわせる。

袋の上からレタスをもんで、直接フラ
イパンへ加える。

漬けもの 2〜3日

きざみ野菜の包み漬け

冷蔵で2〜3日

材料（作りやすい分量）
サンチュ…8枚
きゅうり…1本　にんじん…⅓本
しょうが…1かけ　青じそ…5枚
粗塩…小さじ1　酒…大さじ1

サンチュで巻く。

作り方
❶きゅうり、にんじん、しょうが、青じそは細切りにする。
❷ボウルに①を入れ、粗塩小さじ½をまぶす。しんなりしたら水けを絞り、8等分に分ける。
❸サンチュを1枚広げ、②の⅛量をのせて包む。巻き終わりを下にしてバットなどに並べる。残りも同様に包む。
❹粗塩小さじ½と酒をふり、ラップをかぶせ、小皿を1〜2枚のせて2時間ほど漬ける。

サニーレタスの塩昆布漬け

冷蔵で2〜3日

材料（作りやすい分量）
サニーレタス…1玉
塩昆布…10g
みりん…大さじ1
酢…小さじ1
塩…少々

調味料が全体に行き渡るようにもみ混ぜる。

作り方
❶サニーレタスはひと口大にちぎる。
❷保存袋に全ての材料を入れる。袋をふって材料をよく混ぜ、空気を抜いて口を閉じる。そのまま冷蔵庫で20分以上漬ける。

消費レシピ　サニーレタスのレンチン肉巻き

材料（作りやすい分量）
サニーレタス…1玉
豚ロース薄切り肉
　　…150g
塩…少々
ポン酢しょうゆ
　　…適量

作り方
❶まな板に豚肉を広げて塩をふる。
❷サニーレタスは根元を切って水けをふきとり、肉の枚数分に分ける。
❸サニーレタスを小さくたたみ、肉の上にのせ、きつく巻く。巻き終わりを下にして耐熱皿に並べ、残りも同様に巻く。
❹ふんわりとラップをかけ、電子レンジ（600W）で3〜4分、肉に火が通るまで加熱する。
❺器に盛り、ポン酢しょうゆをかける。

サニーレタスの
シーフードあんかけ

材料（作りやすい分量）

サニーレタス…1玉

シーフードミックス…1カップ

かに風味かまぼこ…30g

A ┌ 中華顆粒だし…大さじ1
　 └ 水…400cc

しょうゆ…大さじ½

塩、こしょう…各少々

ごま油…小さじ1

B ┌ 片栗粉…大さじ2
　 └ 水…大さじ4

作り方

❶サニーレタスはひと口大にちぎり、水けをふきとり皿に盛る。

❷シーフードミックスは解凍し、水けをしっかりふきとる。かに風味かまぼこは大きめにさく。

❸鍋にAを入れて火にかけ、沸騰したら②を加える。しょうゆと塩、こしょう、ごま油で味をととのえる。

❹Bをよく混ぜて回し入れてとろみをつけ、①にかける。

シャキシャキしたレタスの食感を楽しめる料理です。

サンチュのベーコン
ホットサラダ

材料（作りやすい分量）

サンチュ…30枚

ベーコン…4〜5枚

トマト…2〜3個

にんにく…2かけ

オリーブ油…大さじ4

A ┌ しょうゆ…大さじ2〜3
　 └ 塩、こしょう…各少々

作り方

❶サンチュはひと口大にちぎり、水けをふきとり皿に盛る。

❷ベーコンは2cm幅に切る。トマトは1〜2cm角に切る。にんにくは薄切りにする。

❸フライパンにオリーブ油とベーコン、にんにくを入れて中火にかける。香りが立ったらトマトを加えてさっと炒め、Aで味をととのえ①にかける。

きぬさや

植えつけ　11月上旬〜11月下旬（種まき10月中旬〜11月中旬）
収　　穫　4月中旬〜6月下旬

`冷蔵` `冷凍`

収穫のコツ

開花の10日後に収穫できる

　きぬさやは、スイートピーのような可憐な花を咲かせ、花のあとに実（さや）をつけます。開花から10日後くらい、さやの長さが6〜7㎝になったころが食べごろ。さやのつけ根を押さえて、手でプチッと引っ張って収穫します。

豆が大きくなる前に収穫を

　きぬさやは、中の豆でなく、歯触りのいいさやを食べるもの。豆が大きくなる前の、さやがやわらかいうちに収穫しましょう。少し小さいかな、と思うころがやわらかでおいしい！　とり遅れると、さやがかたくなり豆が育ってごろごろしてしまいます。

適切なサイズで冬越しさせる

　秋にまき、春に収穫するきぬさやは、適切な大きさで「冬越え」させるのが大きなポイント。苗が大きくても小さすぎても寒い季節を乗り越えることができません。種まきや植えつけの時期をきちんと守りましょう。

冬越えが失敗したら春に再挑戦！

　苗がうまく冬越しできず、枯れてしまったら、春からの栽培も可能です。暑くなる前に収穫したいので、種まきは3月に行います。購入するときは、春作が可能な品種を選びましょう。ポットにまいて育苗し、4月に植えつけします。春植え用のポット苗を購入してもいいでしょう。

花が咲いたら追肥と中耕

　花が咲き始めたら追肥を行うサイン。1㎡あたり化成肥料40〜50gを畝の周りにまき、クワで土と混ぜ（中耕）、株元に土寄せします。その後は2〜3週間に1回の割合で、同様に通路に追肥と中耕を行います。葉にかかった土は病気の原因になるので、必ず払い落とします。

冷蔵保存　　1週間

収穫後はすぐに冷蔵

乾燥に弱いので、水分が飛ばないようにすぐに保存袋へ入れて野菜室へ。使うときにへたとすじをとります（→p70）。使いきれないようなら冷凍保存がおすすめ。

傷みやすいのでなるべく早く使いきって。

冷凍保存　[1か月]

へたとすじをとって冷凍。料理の彩りに

へたとすじをとって冷凍しておくと、料理に色を添えたいときに重宝します。

丸ごと冷凍

へたとすじをとって保存袋に入れて平らに広げ、空気を抜いて冷凍庫へ。

（利用法）
●凍ったまま、炒めものや卵とじに。

半分に切って冷凍

斜め半分に切って保存袋に入れて広げ、空気を抜いて冷凍。

（利用法）
●凍ったまま、さっとゆでてあえものに。
●凍ったまま、汁ものや煮ものに。

消費レシピ

きぬさやのゆずこしょうマヨあえ

材料（作りやすい分量）
きぬさや…50枚
にんじん…½本
ツナの油漬け缶…1缶（小）
マヨネーズ…大さじ5
ゆずこしょう…少々

作り方
❶きぬさやはへたとすじをとり、せん切りにする。にんじんはきぬさやと同じ長さのせん切りにする。
❷鍋に湯を沸かし、①をそれぞれさっとゆで、ざるに上げて冷ます。
❸ボウルに全ての材料を入れてあえる。

きぬさやの
オイスターソース炒め

材料（作りやすい分量）
きぬさや…80枚
にんにく…2かけ
サラダ油…大さじ2
オイスターソース…大さじ2
塩、粗びき黒こしょう…各少々

作り方
❶きぬさやはへたとすじをとる。にんにくは包丁の腹で押しつぶす。
❷フライパンににんにくとサラダ油を入れて、弱火にかける。香りが立ったらきぬさやを加えて中火で炒める。くたっとしたら、オイスターソースと塩、粗びき黒こしょうを加えて炒めあわせる。

きぬさやは、歯ごたえをいかすメニューがおすすめ。たっぷり収穫できたら、シンプルな塩炒めもおすすめ。

いんげん

種まき　　4月下旬〜7月上旬
収　穫　　6月中旬〜8月中旬

冷蔵　　冷凍

収穫のコツ

つるなし種がおすすめ

　さやいんげんとも呼ばれるいんげんには、つるなしいんげんと、つるありいんげんがありますが、家庭菜園では、長い支柱などが不要で場所をとらない、つるなしいんげんがおすすめです。50〜60日で収穫できるのも、手軽でうれしい野菜です。ゴールデンウィークから7月上旬まで、種まきを少しずつずらして、何度か行うのがおすすめ。長い期間、収穫が楽しめます。

さやの長さが13〜15㎝が食べごろ

　つるなしいんげんは、種まきから50〜55日後、さやの長さが13〜15㎝の大きさになったころが収穫どき。さやのつけ根からハサミで切りとります。とり遅れるとかたくなるので、少し早いかなと思うくらいの若どりがおすすめ。甘みのあるやわらかなさやが楽しめます。

根元をハサミで切りとる。大きくしすぎるとかたくなるので早めに収穫を。

さやがたくさんつくように追肥

　花が咲き始めたら追肥をします。1株ごとに化成肥料を10粒程度、根元のマルチの穴にパラパラとまくだけでOK。

株元のマルチの穴の中に化成肥料をまく。

「つるぼけ」防止に元肥を少なめに

　いんげんなどのマメ科の植物は、根にチッ素（茎や葉の生長を促す成分）をとり込む根粒菌が共生しています。元肥を与えすぎると、茎や葉ばかりが伸びる「つるぼけ」になり、全体的にひょろりとして株が倒れやすくなります。元肥の適量を守りましょう。

鳥から守るため防虫ネットを

　発芽中の種はやわらかく、鳥に狙われて、土中の種を食べられてしまうことがあります。種まきから発芽するまでは、防虫ネットを必ずかけましょう。

冷蔵保存　1週間

傷みやすいので早めに使いきる

傷むのが早いので常温に放置しないように注意。収穫後はすぐに保存袋へ入れて冷蔵し、なるべく早く使いきります。

風味の落ちないうちに使いきって。

冷凍保存　1か月

半分に切って冷凍がおすすめ

最近のいんげんは、ほとんどがすじなしです。もしもすじのある品種ならすじをとり、冷凍します。水けをよくふきとってから保存袋へ入れましょう。

半分に切って冷凍

半分に切り、保存袋へ入れて平らに広げ、空気を抜いて冷凍。

利用法
●凍ったまま蒸し炒めに。
●凍ったまま煮ものに入れて煮る。

消費レシピ

いんげんと豚ひき肉の塩炒め

材料（作りやすい分量）
いんげん…600g
しょうが…2かけ
長ねぎ…½本
豚ひき肉…300g
サラダ油…大さじ2
酒…50cc
塩…小さじ1と⅓

作り方
❶しょうがと長ねぎはみじん切りにする。
❷いんげんは両端を切り落とし、長さを半分に切る。
❸フライパンにサラダ油を熱し、豚ひき肉を炒める。パラパラになったらいんげんを加えて炒める。
❹油が回ったら①と酒と塩を加えさっと炒め、ふたをして弱火で6〜7分蒸し焼きにする。いんげんがやわらかくなり、汁けがなくなればできあがり。

揚げいんげんのめんつゆづけ

材料（作りやすい分量）
いんげん…600g
A ┌ めんつゆ（3倍濃縮）、水…各200cc
　├ しょうがのすりおろし…2かけ分
　└ 赤とうがらしの輪切り…1本分
揚げ油…適量

作り方
❶いんげんは両端を切り落とす。
❷保存容器にAを入れて、よく混ぜあわせる。
❸揚げ油を170℃に熱し、いんげんを素揚げにする。熱々のうちに②につけてからめる。

長くつけておくと味が濃くなるので、半日ほどでつけ汁からとり出して。

香ばしく、箸が止まらない！

スナップ
えんどう

植えつけ　11月上旬〜11月下旬（種まき10月中旬〜11月中旬）
収　　穫　4月中旬〜6月下旬

冷蔵

収穫のコツ

開花して10日後に収穫できる

　スナップえんどうの収穫は、開花の10日後が目安。しかし、可憐な花は次々に開花するので、実際にはさやの様子を見ながら収穫を。平らだったさやが丸くふくらんだら食べごろです。さやのつけ根を押さえて、手でブチッととるかハサミで切りとります。次々と実ができるので、食べごろのタイミングを見逃さないようにしましょう。つけたままにしておくと、豆が大きくなり、さやはかたくなってしまいます。

冷蔵保存　　3日

保存袋に入れて野菜室へ

鮮度が落ちやすいので、収穫後は早めに保存袋へ入れて野菜室へ。調理の前に下のようにすじとへたをとります。サクサクのさやが特徴なので、冷凍には向きません。

おいしい期間が短いので、収穫後は早めに食べきって。

消費レシピ

スナップえんどうと
モッツァレラ
チーズのサラダ

材料（2人分）
スナップえんどう…200g
モッツァレラチーズ…1個

A ┌ バルサミコ酢…大さじ2
　├ オリーブ油…大さじ3
　└ はちみつ…小さじ2　塩…少々

作り方
❶スナップえんどうは、塩少々（分量外）を加えた熱湯でゆで、ざるに上げて冷ます。
❷モッツァレラチーズは手でひと口大にさく。
❸①と②を器に盛り、混ぜあわせたAを回しかける。

\ すじのとり方 /

下からスーッと引っ張る

　スナップえんどうときぬさやは、さやの左右にあるすじをとってから調理します。まず下先をほんの少し折って上へスーッと持ち上げてとり、続けて上のへたを折って、下へとスーッとすじをとります。いんげんは、現在ほとんどすじなし種なのでとらなくても大丈夫。

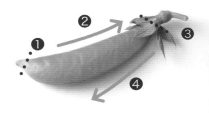

グリーンピース

植えつけ　11月上旬〜11月下旬（種まき10月中旬〜11月中旬）
収　　穫　4月中旬〜6月下旬

冷蔵　　冷凍

収穫のコツ

冬越しに失敗したら春植えでもOK

　ふっくらと太った豆を食べるグリーンピースは、「実えんどう」とも呼ばれています。収穫前までは、きぬさや（→P66）と同様の方法で育てます。ポット苗や春まき用の種を購入すれば、春スタートの栽培も可能です。

開花して30日後が収穫時

　開花の30日後、さやの中で豆がぱんぱんにふくらんだら収穫します。さやのつけ根をハサミで切りとります。収穫後は鮮度が落ちやすいので、なるべく早くさやから実を外し、調理するのがおいしく食べる最大のコツ。

冷蔵保存　　3日

さやごと保存袋に入れて

保存袋に入れて野菜室で保存し、調理の直前にさやから外します。

冷凍保存　　1か月

豆をさやから出して

保存袋に平らに広げて空気を抜いて冷凍庫へ。凍ったまま、炒めたり煮たりします。

消費レシピ

グリーンピース入りマッシュポテト

材料（作りやすい分量）
グリーンピース（さやから出して）…200g
じゃがいも…2個（400g）
バター…20〜30g　牛乳…150cc
塩、こしょう…各少々

作り方
❶鍋にグリーンピースを入れ、水をひたひたに入れる。塩小さじ⅓（分量外）を加えて火にかけ、沸騰したら弱火で5分ゆで、熱いうちにざるなどで裏ごす。
❷じゃがいもは皮つきのままひたひたの水で、火が通るまでゆでる。熱いうちに皮をむいてつぶす。
❸鍋に②を入れ、中火にかけて水分を飛ばす。バターと①を加え、混ぜあわせる。
❹牛乳を2〜3回に分けて加えて混ぜあわせ、塩とこしょうで味をととのえる。

枝豆

種まき　　3月中旬〜4月下旬
収　穫　　6月下旬〜7月下旬

`冷蔵`　`冷凍`　`加工品`

収穫のコツ

葉が黄色くなれば収穫のサイン

　葉が黄色っぽくなり、全体の8割程度のさやがふくらんだら収穫適期。さやがはちきれる1歩手前の若どりがおすすめです。株ごと両手で持って抜きとります。最後まで抜く前に根をゆすって土を振るい落すと、あとの処理が楽です。

葉がまだらに黄色っぽくなったら収穫どき。

さやが黄色くなる一歩手前も美味

　一般の収穫適期のあと、さやが緑から黄色に変わる直前まで待ってからの収穫もおすすめ。栗のようなほっくりとした風味が楽しめるので、数株残してみるのも手です。

「夏まき秋どり」は濃厚な味が楽しめる

　夏まきをして秋に収穫するのもおすすめです。クリーミーなコクと濃厚な甘み、ホクホクとした食感になります。8月中旬に種をまき、遮光ネットをかけて発芽させたあと、春まきと同じ要領で育てます。開花する前に有機肥料を1株に1つまみ追肥するとうまみがアップ。さやがふくらむころ、雨が降らない日が続くときは水をやります。

プロの技！

新鮮さを保つコツ

　豆類は鮮度がおいしさのカギですが、枝豆はその最たるもので「湯を沸かしてから収穫しろ」といわれるほど。収穫は帰宅間際に行いましょう。収穫後に時間が空く場合は、葉を半分ほどと根のやわらかい部分を切り落とし、水を入れたバケツなどにさし、必ず日陰におきます。

根の先を落として水につけ、日陰におく。

　枝から外して持ち帰るなら、外したそばから冷たい水にくぐらせます。枝からとった枝豆は、自ら発する熱で鮮度が落ちていくからです。持ち運ぶときは、水が抜けるよう、底の角を切り落とした袋に入れるとよいでしょう。水につけたままにしておくと、豆がぬるい水を吸ってしまいます。長時間持ち歩くなら、保冷剤を入れた保冷バッグなどに入れます。

水がたまらないよう角を切った袋に入れる。

冷蔵保存　　ゆでて2〜3日

冷蔵保存はゆでてから

枝豆のおいしさをキープするなら、とったらすぐにゆでましょう。ゆでて冷ましてから保存袋に入れ、空気を抜いて冷蔵庫へ。すぐにゆでられないときは、保存袋に入れて野菜室に入れておきます。

冷凍保存　　1か月

さやのまますぐに冷凍

すぐに食べないときには、冷凍保存を。枝からさやを外して保存袋に入れ、空気を抜いて冷凍庫へ。使うときは、凍ったまま加熱します。

消費レシピ

バターじょうゆ枝豆

材料（2〜3人分）
枝豆…さやつきで600g
塩…大さじ½
バター…20g
にんにくのすりおろし…1かけ分
しょうゆ…大さじ2
作り方
❶枝豆のさやの両端をキッチンバサミで切り落とす。枝豆に塩をふって産毛をとるようによくもみ、水洗いをする。
❷鍋に湯を沸かし、①を入れてかためにゆでる。
❸フライパンにバターを入れて中火にかける。バターが溶けたら②を入れて、さやが少し焦げるまで炒める。
❹にんにくのすりおろしを加え、全体にからめるように炒めあわせる。仕上げに強火にしてしょうゆを回しかける。

パリパリチーズ枝豆

材料（2〜3人分）
ゆでた枝豆…さやつきで250g
スライスチーズ…4枚　粗びき黒こしょう…少々
作り方
❶ゆでた枝豆はさやからとり出し、薄皮をとり除く。
❷フライパンにスライスチーズを入れ、①を均等にのせ、弱火にかける。
❸チーズが溶けて枝豆になじみ、焼き色がついたらとり出す。食べやすい大きさに切り、粗びき黒こしょうをふる。

大豆を作ろう

　大豆はもともと枝豆が乾燥したもの。近年では大豆専用の品種が育成され、400種以上あるといわれています。枝豆として収穫せずに、畑においておくとさやがカラカラに乾燥します。さやを振ってみて、カラカラと音がしたらOK。株ごと引き抜き、さやから豆をとり出します。とれた大豆は、密閉容器で乾燥剤とともに保存します。

※大豆を使ったみその作り方は次のページ

さやが枯れ、振るとカラカラと音がしたら収穫。放置したまま雨にぬれるとカビが生えることもあるので注意。

みそ

収穫した大豆で、手軽に作れる
みその作り方を紹介します。
でき上がったら、冷凍庫で保存すれば
数年おいしくいただけます。

材料（約1kg分）
大豆…250g
乾燥米麹…250g
塩…100g

用意するもの
ふたつきの保存容器
　　…1個（1.3ℓ〜1.5ℓ）
消毒用アルコール
　　または焼酎…適量
重石用の塩…100g

作り方

❶大豆は水洗いしてゴミを除き、水1,200cc（分量外）を注いで8〜12時間ひたす。ひとつのボウルや鍋で戻せない場合は小分けする。表面に茶色い傷があるものはとり除く。

左が元の大豆。水で戻すと
パンパンにふくらむ。

❷大豆の水けをきって大きめの鍋に入れ、大豆の2〜3cm上まで水を注ぎ、強火にかける。沸騰したらアクをとり除き、弱火で大豆がやわらかくなるまでゆでる。途中で水が少なくなったら大豆の2〜3cm上まで水を加え、強火にして沸騰したら弱火に戻す。

❸指でつぶしたときに形がなくなるまでやわらかくなったら、大豆をざるに上げ、ゆで汁はとりおく。

❹麹を両手でもんでかたまりがなくなるまでほぐす。

❺塩を加え、麹と塩が均等に混ざるよう、両手でこすりあわせるようになじませる。

❻保存容器にアルコールか焼酎を入れてふたをして全体に行き渡るようにふって消毒し、アルコールまたは焼酎は捨てる。

❼ゆでた大豆が熱々のうちにマッシャーやすりこ木で粒がなくなるまで丁寧につぶす。フードプロセッサーを使っても、厚手の袋に入れて押しつぶしてもよい。つぶしにくいときは、とりおいたゆで汁を加える。

または

❽つぶした大豆が人肌まで冷めたら⑤を加え、消毒した手で念入りに混ぜ合わせる。パサパサして混ぜにくいときは、ゆで汁を加えてなめらかになるまで混ぜる。

❾8〜10等分にわけて団子状にする。

❿保存容器に空気が入らないようにしながら押しつぶすように詰めていく。全て入れたら表面を平らにならす。容器の内側に大豆がついていたら、アルコールや焼酎を含ませたペーパーできれいにふきとる。

⓫空気と遮断させるため、表面にすき間なくラップを2〜3枚かける。

⓬ラップの上に重石用の塩を入れた袋（腐らない重石なら何でもOK）をのせてふたをする。風通しがよく、直射日光が当たらない日陰で10か月〜1年発酵させる。

そら豆

種まき	10月上旬〜11月下旬
収　穫	5月中旬〜6月中旬

冷蔵　冷凍

収穫のコツ

さやが垂れたら収穫適期

　実が未熟なうちは空に向かって育っていくことが名前の由来になっているそら豆。熟すにしたがってさやが下を向いていきます。開花から約40〜50日後、さやが垂れ下がり、さやの背に褐色のすじが入ったら収穫適期。さやのつけ根をハサミで切りとって収穫します。

養分が豆に届くよう整枝と摘心

　株を充実させ、実を太らせるのに必要なのが整枝と摘心。草丈40〜50cmになったら枝を6〜7本残し、その他の枝は地際からカット（整枝）。その後、養分を花や実に集中させるため、草丈60〜70cmの大きさで先端を摘心して生長を止めます。

暖かくなったらアブラムシに注意

　春になり、気温が上がるとやってくるのがアブラムシ。見つけたらじょうろなどで水を勢いよくかけて洗い落とし、ふえるのを防ぎます。

冷蔵保存　2〜3日

さやつきのまま保存

どんどん鮮度が落ちるので、収穫後は早めに加熱するのがベスト。すぐに調理できないときは、さやつきのまま保存袋に入れて野菜室へ。調理の直前まででさやはつけておきます。

冷凍保存　1か月

さやから出して
薄皮のまま

さやから出して、保存袋に入れて平らにならし、空気を抜いて冷凍します。使うときは、凍ったままゆでて薄皮をむくか、自然解凍して皮をむいて調理します。

消費レシピ

そら豆のだしじょうゆ漬け

材料（作りやすい分量）
そら豆（さやから出して）…300g
A┌だし汁…150cc　しょうゆ…大さじ1
　└みりん…大さじ1と½

作り方
❶たっぷりのお湯に塩大さじ1（分量外）を入れ、そら豆を入れる。2〜3分ゆでたらざるに上げて粗熱をとる。
❷そら豆の皮をむく。
❸小鍋にAを入れてひと煮して火を止め、②を加えて1時間以上漬ける。

※冷蔵庫で3日間保存可能。

セロリ

植えつけ　6月下旬〜8月下旬
収　穫　　10月中旬〜12月中旬

`冷蔵`　`冷凍`

収穫のコツ

若どりがやわらかくておいしい

　下の軸が20cmくらいになったら収穫どき。外側の葉からかきとれば、新しい芽が出て若どりのやわらかい葉が楽しめます。収穫予定の3〜4週間前に、株全体を新聞紙で巻いて光を遮る「軟白栽培」をすると上品でやわらかな味になります。

冷蔵保存　`1週間`

葉と軸を分けて保存

葉と軸（葉柄）を分けるように切り、葉は切り口にぬらしたペーパーを巻き、軸はぬらした新聞紙で包みます。保存袋へ入れて野菜室へ。

冷凍保存　`1か月`

軸は使いやすい形に切って冷凍

軸は薄切りや乱切りにして冷凍します。葉は好みで加えても。

薄切りで冷凍	乱切りで冷凍

すじをとり、2〜3mm幅の薄切りにして保存袋へ入れ、空気を抜いて冷凍。

すじをとり、乱切りにして保存袋へ入れ、空気を抜いて冷凍。

`利用法`
●凍ったまま油で炒める。

`利用法`
●湯をかけて解凍し、あえものに。

消費レシピ

セロリのソース漬け

材料（作りやすい分量）
セロリ…2本
ローリエ…1枚
中濃ソース、酢…各大さじ2
しょうゆ、サラダ油…各大さじ1
作り方
❶セロリは1cm幅の斜め切りにする。
❷保存袋に全ての材料を入れる。袋の上からよくもみ、空気を抜いて口を閉じ、冷蔵庫で2時間漬け込む。

 冷蔵で5日間保存可能。味が濃くなったら肉といっしょにソースごと炒めるとおいしいです。

しそ

種まき	4月中旬〜6月上旬
収穫	7月上旬〜10月下旬

常温　冷凍　加工品

収穫のコツ

枝ごと収穫して香りを保つ

　草丈30cmほどに生長したころから収穫します。葉の裏に香りがあるので、1枚ずつ収穫するのではなく、葉をさわらないように枝ごとカットするのがおすすめです。

混みあっているところを枝ごとカット。香りのある葉の裏はさわらないように気をつけて。

混みあっているところから収穫

　最初は、摘心もかねて先端をハサミで切りとりましょう。こうすると新しいわき芽が次々と出てきます。わき芽が育ってきたら、混みあっているところから枝ごと収穫します。この収穫法なら、蒸れの防止にもなります。

マルチを張って乾燥を防ぐ

　やわらかな葉を楽しむには、乾燥させないことが大事。マルチシートを張って育て、表土の乾燥を防ぐとよいでしょう。

　葉が小さくなったり、色が悪くなったりしたときは、追肥を行いましょう。化成肥料1㎡あたり50gを畝の周囲にまき、軽く土に混ぜるように耕します。

常温保存　3〜4日

水にさしておけば常温でOK

枝をコップに水を入れてさしておきます。香りのある葉裏をさわらないようにして、使うときに必要な分だけとります。もし冷蔵保存するなら、葉をとってぬらしたペーパーで包み、保存袋に入れて野菜室へ。

直射日光の当たらない場所におき、必要なときに葉をカット。大量のときは水を入れたバケツにさしておくとよい。

冷凍保存

細切りやそのままで冷凍保存

細切りするか、そのまま保存袋に入れて冷凍します。すぐに解凍するので、使うときに必要な量をとり出します。変色が気になるときは、きざんでハンバーグなどに混ぜて。

細切りで冷凍

細切りにし、保存袋に入れ、空気を抜いて冷凍。

利用法
●凍ったまま汁ものに加えてひと煮する。
●凍ったまま冷ややっこの薬味に。香味だれやドレッシングに。

そのままで冷凍

茎をギリギリのところで切り、保存袋に入れ、空気を抜いて冷凍。

利用法
●常温に少しおいて解凍し、きざんで薬味に。
●ペーパーで水けをふいて天ぷらに。

加工品

冷蔵で3か月

濃いめの味つけなので、
ご飯のおともにぴったり。

しそのにんにくしょうゆ漬け

塩分が強いので、きざんで使うのがおすすめ。
ご飯に混ぜたり、ドレッシングや薬味にも。

材料（作りやすい分量）
青じその葉…30枚
A ┌ しょうゆ…50cc
  │ みりん、酒…各大さじ1
  │ にんにくのすりおろし…1かけ分
  └ 一味とうがらし…小さじ1

作り方
❶しそは水につけてひと晩アク抜きをする。
❷ペーパーで水けをしっかりとふきとり、保存容器に重ねて入れる。
❸小鍋にAを入れて火にかける。沸騰したら火を止め、全体に行き渡るように❷に注ぐ。ラップを表面にぴったりとのせて冷蔵庫へ。2日後から食べられる。

しそのにんにくしょうゆ漬けを使って

しそのしょうゆ漬け入り
焼きおにぎり

材料（3〜4個分）
しそのにんにくしょうゆ漬け…中3〜4枚
漬け汁…大さじ½　ご飯…2杯分
いりごま（白）…大さじ½
ごま油…大さじ½
A（みりん、しょうゆ…各大さじ1）

作り方
❶しそのにんにくしょうゆ漬けは茎を切り落とし、せん切りにする。
❷ご飯、❶と漬け汁、いりごまを混ぜあわせ、4等分にする。ラップに包んでかために握り、バットに並べて5分ほど乾かす。
❸フライパンにごま油を入れて熱し、❷を並べて弱火で焼く。焼き色がついたら裏返す。Aを混ぜて上の面にぬり、裏返して表面が乾くまで焼く。反対の面も同様に焼く。

穂じそを楽しむ

穂が立って花芽がつくと葉はかたくなって
しまいますが、香り高い穂じそを楽しむこと
ができます。花が穂の1/3ほど開いたときが
収穫適期。全部咲いてしまうと、実がかたく
なってしまいます。刺身のつまによく使われ
ますが、天ぷらにするとおいしくいただけま
す。また、めんつゆやしょうゆに漬けておく
のもおすすめ。一晩おくと香りが移ります。

**穂じその
めんつゆ漬け**
しその香りが移か
ためんつゆは、めんの
つけつゆのほか、青
菜のおひたし、ド
レッシング、豆腐や
納豆などに。

穂じその天ぷら
市販の天ぷら粉を
使うと簡単にカラッ
と揚がります。ぜひ
塩で召し上がれ。

赤じそ
ジュース

赤じそを楽しむ

　赤じそはそのまま食べることもできますが、
加工して利用することが多いもの。シロップ
を作ってジュースにしたり、梅酢漬けにして
漬けものに利用します。しその風味と、鮮や
かな色も楽しめます。

材料（作りやすい分量）　　　`冷蔵で6か月`
赤じその葉…300g　水…1ℓ
砂糖…250g　酢…100cc
作り方
❶赤じその葉をよく洗って水けをしっかりきる。
❷ほうろうの鍋に水と砂糖を入れて沸騰させ、①を
　入れて火を止める。
❸葉の色が水に移ったら、こして赤じそをとり出す。
❹酢を入れて混ぜ、清潔な容器で保存する。
❺炭酸や水で割ってジュースにする。

青じそを加えると風味がよく
なります。また、酢をりんご
酢に代えてもおいしいです。

にら

植えつけ　4月上旬〜5月下旬、9月上旬〜10月下旬
収　　穫　3月下旬〜12月中旬

冷蔵　　冷凍　　おかずの素

収穫のコツ

草丈25〜30cmがやわらかく食べごろ

草丈25〜30cmの若どりがおすすめ。地際3〜4cmから上を、ハサミで切りとります。収穫後は、条間に化成肥料を1㎡あたり20gパラパラとまき、クワで軽く混ぜるように耕します。すると、再び葉が生え揃い、2〜3週間後にはまた収穫できます。

おいしくするための「捨て刈り」

苗の植えつけから1か月後、最初に生え揃った葉を、地際から3〜4cm上の部分を切りとる「捨て刈り」をします。一度刈ることで新しい芽が伸び、やわらかな葉が味わえます。暑さで株が弱ったときにも行いましょう。捨て刈りのあとは追肥（1㎡あたり化成肥料20g）と土寄せをしておきます。刈りとった葉は料理に使えます。

2年後の春に植え替え

数年栽培すると株が混みあって根が窮屈になります。2年ごとに別の場所に植え替えるのがおすすめです。

冷凍保存　　1か月

冷凍したものはハサミでカット

2〜3本ずつ輪ゴムで束ね、保存袋へ入れて冷凍します。冷凍したものはハサミで必要な長さにカットして使うのが便利です。

利用法
●ハサミでカットしたら湯をかけて解凍し、納豆に混ぜたりかつお節であえて。
●ハサミでカットしたら凍ったまま溶き卵に入れて卵焼きに。
●凍ったままきざんで、ひき肉に加えて餃子に。

輪ゴムで根元を束ねる。

冷蔵保存　　3〜4日

傷みやすいのですぐに冷蔵

鮮度が落ちるとにら独特の香りも弱くなります。根元にぬらしたペーパーを巻き、保存袋へ入れて野菜室へ。

乾燥に弱いので、水分を補給して保存。

使うときはとり出してハサミでカットする。

おかずの素 | 冷蔵で1か月

にらのしょうゆ漬け

にらの風味がきいた、ピリ辛味のたれ。
冷ややっこや刺身にそのままかければ、いつもとひと味違う
一品に。炒めものや餃子の味つけにもおすすめです。

材料（作りやすい分量）
にら…100g
みりん…50cc
しょうゆ…150cc
ラー油…大さじ1～2
　または赤とうがらし
　…1本

作り方
❶水けが残っていると傷みやすいので、にらの水けをペーパーでしっかりふきとり、5mm幅に切る。
❷耐熱容器にみりんを入れ、ラップをかけて電子レンジ（600W）で1分加熱する。
❸保存容器に全ての材料を入れてよく混ぜあわせ、ふたをして冷蔵庫で半日おく。

利用法
●豚ひき肉に加え混ぜて餃子の具に。
●マグロやカツオなどの刺身にしょうゆ代わりに。
●冷ややっこにかける。
●溶き卵に加えて卵焼きに。
●納豆やたたいた山いもなどに。
●ラーメンやチャーハンのトッピングに。

にらだれ卵かけご飯

茶碗にご飯を盛り、にらだれをかけ、生卵をのせる。

消費レシピ

にらとにんじんのチーズチヂミ

材料（2枚分）
にら…60g　にんじん…½本
A ┌ 薄力粉…大さじ6
　│ 片栗粉…大さじ2
　│ 中華顆粒だし…小さじ1
　└ 塩…少々　水…150cc
ごま油…大さじ3～4
ピザ用チーズ…40g
B ┌ ポン酢しょうゆ…適量
　└ ごま油…少々

作り方
❶にらは3cm幅に、にんじんは3cm長さの細切りにする。
❷Aを混ぜあわせ①を加えて混ぜる。
❸フライパンにごま油を入れて中火で熱し、②の½量を流し入れ、ピザ用チーズ½量をのせる。
❹焼き色がついたら裏返し、火が通ったらとり出す。残りも同様に焼く。食べやすい大きさに切って盛り、Bを添える。

 白菜キムチや長ねぎ、シーフードミックスを加えてもおいしいです。

モロヘイヤ

種まき　　5月上旬〜 6月中旬
収　穫　　7月上旬〜10月下旬

冷蔵　冷凍

収穫のコツ

草丈50〜60cmで収穫を

　草丈50〜60cmになったら、茎葉の先端から15〜20cmの部分をハサミで切りとります。気温が上がるにつれて株が大きく育つので、剪定も兼ねて葉がやわらかいうちに収穫します。

大株にせず、草丈60〜70cmをキープ

　葉を摘まずにおくとかたくなり、口当たりが悪くなります。若い葉をこまめに収穫するとよいでしょう。

　伸びたら摘心を兼ねて先端をカットして収穫し、草丈60〜70cmほどのコンパクトな姿を保つようにします。するとわき芽も多く出るため、やわらかい茎葉が長く楽しめます。

先端のやわらかい茎をカットして収穫。とれたての茎はやわらかくおいしく食べられるが、時間がたつとかたくなるので、その際は葉だけ摘んで調理する。

定期的な追肥を欠かさない

　モロヘイヤはわき芽がどんどん伸びて旺盛に生長するので、追肥を2 〜 3週間おきに行います。1回目の追肥は草丈20〜30cmのころ、化成肥料を1株につき10粒施します。

　2回目以降は、畝のわきに1㎡あたり40〜50gを目安に化成肥料をまきます。そのあと、肥料を混ぜるようにクワで軽く耕します（中耕）。こうすると、土の中に酸素が入って根の生長がよくなります。

種は絶対に食べない

　葉を摘むほどに新芽が出て、長く収穫が楽しめますが、晩夏になると花が多く咲くようになります。そのころには葉もかたく、味も落ちてきます。また、以下のように毒性も出てくるため、やわらかい葉だけを選んで摘み、ある程度のところで収穫は打ち切りましょう。花や種は食べてはいけません。

ミニ知識　さやの中の種は猛毒！

　モロヘイヤは黄色い花が咲いたあと、細長いさやの中に種ができます。種にはストロファンチジンという強い有毒物質が含まれているので、絶対に食べてはいけません。種のほか、老化した枝葉を摂取すると、めまいや嘔吐などの中毒を起こすこともあります。お子さんやペットが誤って口にしないようにしてください。市販の種も同じように注意しましょう。

モロヘイヤの花。

冷蔵保存 1〜2日

使いきれない分は冷蔵する

乾燥に弱く、そのまま保存すると葉から水分が蒸発してかたくなってしまいます。ぬらしたペーパーで全体を包んで保存袋へ入れ、野菜室に立てて保存します。

日もちしない野菜なので、冷蔵しても早く使いきって。

冷凍保存 1か月

葉だけを摘んできざんで冷凍

水洗いしたら水けをふきとり、葉を摘みとってきざんで冷凍します。水けが残っていると、使うときに水っぽくなってしまうので、よくふきとっておきます。

きざんで冷凍

やわらかい葉だけを摘んできざみ、保存袋へ入れ、空気を抜いて冷凍。

利用法
- ●凍ったまま汁ものに加えてひと煮する。
- ●湯をかけて解凍し、納豆や大根おろしに加えて混ぜる。
- ●凍ったまま炒めものに加え、蒸し炒めに。

冷凍モロヘイヤを使って

モロヘイヤとトマトのかつお節あえ

材料（作りやすい分量）
冷凍モロヘイヤ…100g
トマト…1個
かつお節…1袋（5g）
A ┌ しょうゆ…大さじ1
　├ 酢…大さじ½
　└ 砂糖…小さじ½

作り方
❶鍋に多めの湯を沸かし、冷凍モロヘイヤを入れる。再沸騰したらほぐしながら10〜20秒ゆでる。ざるに上げて冷水で冷まし、しっかりと絞る。
❷トマトは2cm角に切る。
❸①と②をさっと混ぜ、Aとかつお節を加えてあえる。

モロヘイヤ入り厚焼き卵

材料（作りやすい分量）
冷凍モロヘイヤ…大さじ2
卵…3個
A ┌ 和風顆粒だし、塩
　│　…各少々
　└ マヨネーズ…大さじ½
サラダ油…大さじ1

作り方
❶卵を溶きほぐし、Aとモロヘイヤを加えてよく混ぜあわせる。
❷フライパンにサラダ油を熱し、①を入れて厚焼き卵の要領で焼く。

みつば

種まき　4月上旬〜5月下旬、9月上旬〜10月中旬
収　穫　5月中旬〜8月下旬、11月上旬〜12月下旬

冷蔵　冷凍

収穫のコツ

草丈10〜15cmが食べごろ

　草丈10〜15cmほどで収穫します。新たに伸びている新芽を残して、根元からハサミで切りとります。若葉がいちばんおいしく、大きくなりすぎると食感が悪くなります。収穫適期のタイミングを逃さないようにしましょう。

半日陰でもよく育ち、毎年収穫可能

　多年草のみつばは、一度植えると毎年収穫できます。半日陰でも育てやすく、菜園の片隅に植えておくと便利です。

冷蔵保存　5〜7日

**乾燥を防ぐことが
保存のコツ**

乾燥に弱いので、水分を補いながら保存します。根元にぬらしたペーパーを巻き、保存袋へ入れて野菜室へ。

冷凍保存　1か月

常備しておくと何かと便利

薬味や料理の彩りに、あると重宝するみつば。ざく切りにして冷凍しておきましょう。

ざく切りで冷凍

2〜3cm長さに切り、保存袋へ入れ、空気を抜いて冷凍。

(利用法)

●凍ったまま加熱して、汁ものや煮ものの彩りに。

消費レシピ

みつばとしめじのおひたし

材料（作りやすい分量）

みつば…400g
しめじ…½パック
A ┌ 水…大さじ1
　└ 和風顆粒だし…小さじ1
しょうゆ…小さじ1〜2

作り方

❶鍋に湯を沸かし、みつばをさっとゆでて冷水にとる。ざるに上げ、水けを絞って4cm長さに切る。
❷しめじは石づきを切り落とし、小房に分けてゆで、ざるに上げて冷ます。
❸①と②をAであえる。食べる直前にしょうゆを回しかける。

空芯菜

種まき　　5月上旬〜7月下旬
収　穫　　7月上旬〜9月下旬

〔冷蔵〕

収穫のコツ

わき芽を伸ばしてどんどん収穫

　草丈が20〜30cmになったら先端から15cmの場所で摘心し、わき芽を伸ばします。摘心後は1株に15〜20粒ずつ化成肥料を追肥します。わき芽が15〜20cmの長さに生長したらハサミで切って収穫します。

摘心を繰り返し、わき芽をふやす

　収穫のときに新芽の上で切ると（摘心）、新しいわき芽が次々と伸びて、繰り返し収穫できます。わき芽を伸ばしすぎるとかたくなるので、タイミングを逃さないようにこまめに収穫しましょう。わき芽を挿し木苗にして、株をふやすこともできます。

冷蔵保存　　5〜7日

水分を与えて鮮度をキープする

乾燥しないようにぬらしたペーパーで全体を包み、保存袋へ入れて野菜室へ。根元も包むようにしっかりと包んで。

野菜室で、できれば立てて保存する。

消費レシピ

水餃子

材料（40個分）
空心菜…200g
豚ひき肉…300g
A
┌ しょうがのすりおろし
　　…1かけ分
│ しょうゆ…大さじ1
│ 酒…大さじ2
│ ごま油…大さじ½
└ 塩…少々
片栗粉…大さじ2
餃子の皮（大判）…40枚
B
┌ ポン酢しょうゆ…適量
└ ラー油（好みで）…少々

作り方
❶空心菜はみじん切りにする。
❷ボウルに豚ひき肉とAを入れてよく練る。空心菜と片栗粉を加えてさらに混ぜ、40等分に分ける。
❸餃子の皮に②の1/40量をのせ、ふちに水をつけて包む。残りも同様にする。
❹鍋にたっぷりの湯を沸かし、③をゆでる。浮き上がったら、約3分ゆでて引き上げ、水けをきる。
❺器に盛り、Bをつけて食べる。

つるむらさき

種まき　3月上旬〜4月下旬
収　穫　6月中旬〜10月上旬

冷蔵　冷凍

収穫のコツ

伸びたわき芽をハサミで切って収穫

　草丈10〜15cmを超えたら先端をカット。次からは、伸びたわき芽の茎葉30〜40cmほどを収穫します。次々とわき芽が伸びるので、こまめに収穫しましょう。

半日陰で育てるのがおすすめ

　熱帯アジア原産ですが、日向よりも半日陰で栽培した方がやわらかい葉が味わえます。菜園の日の当たらない場所の有効活用にぜひ。

冷蔵保存　　1週間

乾燥しないように包んで冷蔵

保存の際は乾燥させないことがポイント。ぬらしたペーパーで全体を包んで保存袋へ入れ、野菜室に立てて保存します。

冷凍保存　　1か月

食べやすい長さに切って

葉を落とし、茎は4〜5cm長さに切って、保存袋へ入れ、空気を抜いて冷凍。

利用法
●湯をかけて解凍し、あえものやおひたしに。
●凍ったまま炒めものに加え、蒸し炒めに。

消費レシピ **つるむらさきのベーコン炒め**

材料（作りやすい分量）
つるむらさき…300g　ベーコン…2〜3枚
サラダ油…大さじ1
にんにくのすりおろし…1かけ分
塩、こしょう…各少々　しょうゆ…小さじ½
作り方
❶つるむらさきは4cm長さに切り、太い茎は縦半分に切る。ベーコンは3cm幅に切る。
❷フライパンにサラダ油を熱し、つるむらさきを炒める。塩少々と水50cc（分量外）を加え、ふたをして蒸し焼きにする。茎に火が通ったら水分を捨てる。
❸つるむらさきをはしに寄せ、空いたところにベーコンを入れて炒める。ベーコンに火が通ったらにんにくを加えて炒めあわせる。塩、こしょうをふり、しょうゆを回しかける。

小玉すいか

植えつけ　　4月中旬～5月中旬
収　　穫　　7月中旬～8月下旬

常温　冷蔵　冷凍

収穫のコツ

受粉日を目安にして収穫する

　すいかは見た目では収穫適期がわかりにくく、人工授粉をした日からの日数で判断するのが確実です。そのため受粉後は、わかりやすい場所に日付を書いたタグをつけておきましょう。収穫適期は受粉後40～45日後で、へたをハサミで切って収穫します。

　自然受粉の場合は、実のへた近くの巻きひげで判断します。茶色く枯れてきたら収穫適期。

鳥よけネットと玉返しをする

　すいかの実の肥大とともに果肉の糖度が増すと、食べごろを狙って鳥（カラス）がやってくることがあります。鳥よけネットや防虫ネットで覆い、予防しましょう。

　また、大きくなると日が当たらない影になる部分が増えるので、均一に当たるよう実の向きを変える「玉返し」をします。

常温保存　　2～3週間

丸のまま涼しい場所で

すいかは冷やしすぎると甘みがなくなってくるので、食べる前日くらいまでは、常温で保存を。涼しい場所においておきます。

冷蔵保存　　2～3日

カットしたら冷蔵庫へ

切ってからは冷蔵庫で保存します。半分や¼などに切ったときは、切り口にラップをかけます。小さくカットしたものは保存容器にそのまま入れればOK。

冷凍保存　　1か月

食べやすくカットして

食べやすい大きさに切り、できれば種をとって保存袋に入れ、空気を抜いて冷凍します。

冷凍のまま食べても、半解凍くらいでもおいしい！

すいかソーダ

ソーダに、冷凍カットすいかを氷代わりに入れる。ミントの葉を浮かべると涼しげに。

冷凍すいかを使って

87

いちご

植えつけ　10月中旬〜11月上旬
収　　穫　4月中旬〜6月上旬

〔冷蔵〕〔冷凍〕

収穫のコツ

へたの下まで赤くなったら食べごろ

　実全体がしっかり赤く色づいたら収穫適期。市販のいちごは完熟前に出荷しているので、完熟した甘い果実が味わえるのは家庭菜園ならではの楽しみです。がくの部分を指でつまみ、引っ張って収穫します。

人工授粉でおいしい果実に

　虫や風による自然受粉で果実を実らせるいちご。しかし受粉が不完全だと、実が大きくならず、でこぼこのある奇形に育つことがあります。その対策として、やわらかな筆や綿棒を使って人工授粉をします。確実に受粉させるために、開花後3〜4日、晴天の午前中に行うのがおすすめ。花の中にある雄しべと雌しべを筆などでまんべんなくなでて、受粉させます。

ランナーの向きを揃えると収穫が楽

　いちごはランナーを伸ばした先に子株や孫株をつけて増殖し、親株側に残したランナーの反対側に果実ができる性質があります。苗を定植

するときは、ランナーが畝の内側になるよう向きを揃えて植えると、畝の外側に実ができて収穫が楽になります。苗の購入時にランナーがついていない場合は、ランナーの跡をチェックします。

ランナーの跡

手前に
実がつく

プロの技！

自分で苗を作ってみよう！

　収穫が終わった初夏、苗からランナーが伸びて子株が次々とできます。親株から数えて2番目以降の株を、翌年の苗として定植することができます。1番株は親の病気がうつっている可能性が高いので使いません。

ミニ知識　いちごの表面のぶつぶつは種？

　私たちが食べている、いちごの赤く熟した甘い部分は、果実の茎の先端の花床がふくらんだ偽果といわれるものです。実際には、表面のぶつぶつが果実にあたります。1粒に200〜300個の果実がつき、それぞれの果実に種が入っています。
　ちなみに農林水産省の作物の統計調査では、いちごは草の実にあたることから野菜に分類。しかし今では果物と同じように食べられているので「果実的野菜」とも呼ばれるそうです。

冷蔵保存 　3〜5日

洗わず、へたをとらずに野菜室へ

水分が苦手なので、保存容器にペーパーを敷き、へたを下にして並べます。洗わないこと、へたをとらないことが傷みにくくするポイント。ふたをして野菜室で保存します。また、収穫したときの熟し加減で保存期間が変わります。様子を見て早めに食べきりましょう。

重ならないように並べて、ふたをして野菜室へ。

冷凍保存 　1か月

へたをとってから
保存袋か容器に

へたをとって保存袋に入れ、空気を抜いて冷凍庫へ。溶けると水分が抜けてしまうので、解凍せずに食べるか、調理に使います。

［利用法］
● 凍ったまま食べたり、氷代わりに炭酸水に入れて。
● 凍ったままスムージーに。
● 凍ったまますりおろしてドレッシングの材料に。
● 凍ったまま加熱して、ジャムやソースに。

冷凍いちごを使って

いちごのスムージー

材料（2人分）
冷凍いちご…20粒
プレーンヨーグルト…150g
はちみつ…大さじ1〜2
ミント…少々
作り方
❶ミキサーにミント以外の材料を入れ、なめらかになるまでかくはんする。グラスに注ぎ、ミントを飾る。

牛乳や豆乳で作ってもおいしいです。

消費レシピ

いちごビネガー

材料（作りやすい分量）
いちご…300g　氷砂糖…200g　りんご酢…300cc
作り方
❶いちごは傷んでいるものがあったら外す。ペーパーで水けをふきとり、へたをとる。
❷消毒したガラスの保存容器にいちごと氷砂糖を交互に入れ、りんご酢を注いでふたをする。
❸氷砂糖が溶けるまで1日1回、容器をゆする。

1週間ほどで完成します。牛乳で割って飲むヨーグルトにしたり、炭酸で割って飲んだりするとおいしいです。冷蔵で6か月保存できますが、いちごは早めにとり出してください。

エシャレット・らっきょう

植えつけ　8月上旬〜10月下旬
収　穫　　3月上旬〜7月下旬

[常温] [冷蔵] [加工品]

収穫のコツ

エシャレットは葉が青いうちに収穫

らっきょうを若どりしたものがエシャレットで、収穫適期は3〜4月ごろ。葉が青々として実が未熟なうちに収穫すると、辛みが少なく生でおいしくいただけます。株元を持って上へ引っ張ると、力を入れなくても引き抜けます。

らっきょうは葉が全て枯れてから

エシャレットを成熟させたらっきょうは、春に化成肥料を1株につき8粒追肥して土寄せをし、葉が枯れたら収穫できます。

収穫は、晴天が数日続いて土が乾燥した状態のときに行います。葉が枯れているので引っ張ったりせずにスコップで掘り上げます。掘ったあとは、葉と根を切って並べ、土を乾かして落とします。

暑さ対策をしておこう

地温が上がりすぎると生育が悪くなるため、半日陰の場所に植えつけるのがおすすめ。日当たりのいい場所で栽培するときは、敷きワラや遮光ネットを使って地温が上がらないようにしておきましょう。とくに8月は、暑さ対策をしっかりと行います。遮光ネットを使用する場合は、トンネル用の支柱の上に被せます。いつもよりもアーチを低くすると、日陰がより広くとれます。

ミニ知識

エシャロットとエシャレットは同じ？

フレンチやイタリアンでおなじみのエシャロットは小型の玉ねぎの一種で、「エシャレット（＝らっきょう）」とはまったく別種の野菜です。若どりのらっきょうが日本の市場に出回り始めた当初は「エシャロット」の名称がついていましたが、両者が混同することから、現在では若どりのらっきょうを「エシャレット」や「エシャ」に、小型玉ねぎのほうは「ベルギー・エシャロット」と呼ばれるようになっています。

プロの技！

エシャレットは「深植え」が鉄則！

球根の植えつけは、球根の頭が5〜6cmの深さになる位置まで押し込んで植えます。その後、しっかり土寄せすることで、球根の上まで土に埋まって日光が遮断され、色白でみずみずしいエシャレットが味わえます。浅植えだと、球根に直接光が当たって緑化し、味もいまひとつになるので注意しましょう。

常温保存　　4〜5日

らっきょうは常温保存

らっきょうの場合は、数cm茎を残して上部を切り落とし、コンテナなどに入れ、日光の当たらない風通しのいいところにおきます。

冷蔵保存　3～4日

エシャレットは冷蔵保存

エシャレットは、茎を10cmほど残して葉を切り落とし、保存袋へ入れて野菜室へ。

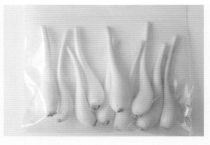

葉や根は落として保存袋に入れて冷蔵。

加工品　1年

らっきょうの甘酢漬け

初夏ならではのらっきょうの甘酢漬け。そのまま食べるほか、きざんでご飯に混ぜてもおいしい。漬け込むほどに味がなじんでいきます。

材料（作りやすい分量）
らっきょう…1kg　粗塩…50g
A（酢…600cc　水…150cc　砂糖…250g）
赤とうがらしの小口切り…2～3本分

作り方
❶らっきょうは薄皮をむき、ひげ根と芽先を切り落とす。
❷ボウルにらっきょうを入れて粗塩をふり、全体にまぶす。水（分量外）をかぶるぐらいまで注いで皿をのせ、皿の上に重石（1kg）をのせてひと晩下漬けする。
❸らっきょうをざるに上げて水けをきり、ペーパーで水けをふきとり、清潔な保存容器に入れる。
❹鍋にAを入れ、煮立ったら火を止めて赤とうがらしを加える。
❺❸に注ぎ、直射日光が当たらない涼しい場所で保存する。1週間後くらいから食べられる。夏場の暑い時期は冷蔵庫に入れておく。

らっきょう混ぜご飯

材料（2人分）
らっきょうの甘酢漬け…3～4個
漬け汁…大さじ1　梅干し…1個
しそ…2枚　いりごま（白）…大さじ½
ご飯…2杯分

作り方
❶らっきょうは薄切りにする。梅干しは種をとり、たたいてペースト状にする。しそはせん切りにする。
❷ご飯に全ての材料を混ぜあわせる。

消費レシピ

エシャレットと鶏肉の炒めもの

材料（2人分）
エシャレット…20個
鶏もも肉…1枚
塩…小さじ⅓　酒…大さじ2
サラダ油…大さじ1
しょうゆ…小さじ1

作り方
❶鶏肉は皮をはぎ、ひと口大のそぎ切りにする。塩と酒をふって下味をつける。
❷エシャレットは根元と葉を切り落とし、薄皮をむく。根が太い場合は、半分に切る。
❸フライパンにサラダ油を熱し、①を入れて中火で焼く。焼き色がついたら裏返し、ふたをして弱火で蒸し焼きにする。
❹鶏肉に火が通ったら、②を加えて炒める。仕上げに鍋肌にしょうゆを回しかけ、炒めあわせる。

にんにく

植えつけ　9月上旬〜10月下旬
収　　穫　5月上旬〜6月下旬

常温　冷蔵　冷凍　加工品

収穫のコツ

最初に花茎「にんにくの芽」を収穫

初夏に株の間から伸びる花芽が「にんにくの芽」。花が咲くと球根に栄養が回らないので、開花前に葉との間のつけ根からハサミで切りとります。カットした花芽は炒めものなどでおいしくいただけます。

半分以上の葉が枯れ始めたらOK

花芽をとった1〜2週間後、葉が2/3ほど枯れ始めたら収穫可能です。球は湿ると傷みやすいので、晴天が続いて土がよく乾いた日に収穫します。根元を持って スッと引き抜けない場合は、まだ根が張った状態なので、しばらく様子を見ましょう。

葉を20〜30cm残すと保存に便利

収穫したにんにくは葉を20〜30cmほど残しておくと、つるして保存するときに便利です。根を切り落とし、風通しのいい冷暗所につるせば長期保存できます。湿度の高いところではカビが生え、温度が高いと芽が出るので注意して。

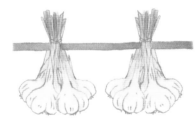

根を切り落とし、茎を結んでつるして乾燥。茎が枯れて折れたら、ネットに入れてつるす。

冷凍保存 　　1か月

いろいろな形状で冷凍

冷凍しておくと、料理の下味や風味づけに重宝します。丸ごと冷凍しておけば芽が出ることもありません。

丸ごと冷凍

皮をむいて1片ずつにし、広げたラップの上に間隔をあけて並べて包み、間をひねる。こうすると、冷凍後、1つずつとりやすい。

利用法
●凍ったまま、すりおろして薬味や下味に。
●半解凍させて、天ぷらやフライ、素揚げに。

薄切りで冷凍

皮をむき、薄切りにして保存袋へ入れ、空気を抜いて冷凍。

利用法
●凍ったまま炒めものに。
●凍ったまま、パスタやチャーハンの調理に。

すりおろして冷凍

皮をむいてすりおろし、保存袋へ入れて冷凍。

利用法
●解凍して薬味に。
●冷凍のまま調味料に入れてつけ汁などの下味に。

ネットに入れるか、ひもで結んでぶら下げる。

常温　冷蔵保存　6か月

「ぶら下げて」保存

湿気があると香りがなくなってしまうので、ネットに入れてぶら下げて風通しのよい冷暗所で保存します。1玉だけなら、風通しのよい場所におけばOK。薄皮をむいたものは、保存容器に入れて冷蔵庫の野菜室へ。

加工品　3週間〜2か月

にんにくのしょうゆ漬け

冷蔵で2か月

しょうゆ漬けのにんにくは、生のにんにくと同様に使えます。漬け汁もしょうゆと同様に使えます。

材料（作りやすい分量）
にんにく…2〜3玉　しょうゆ…200cc

作り方
❶にんにくは1かけずつにし、包丁の腹を当て、軽く押してから皮をむく。
❷清潔な保存容器に全ての材料を入れ、ふたをして冷蔵庫で3日間漬ける。

にんにくのオイル漬け

冷蔵で2か月

ペペロンチーノや炒めものに、油といっしょに使えるので便利。冷蔵庫で保存すると固まりますが、フライパンなどに入れればすぐ溶けます。

材料（作りやすい分量）
にんにく…2玉
エキストラバージンオリーブ油…適量

作り方
❶にんにくは皮をむき、粗めのみじん切りにする。
❷清潔な保存容器に①を入れ、オリーブ油をかぶるぐらいに注ぐ。
※油からにんにくが出ているとカビの素になるので、足りなくなったら油を追加する。

にんにくみそ

冷蔵で3週間

うまみたっぷりのつけみそ。
野菜スティックや、
こんにゃく田楽、
焼きおにぎりなどにぴったり。
ゆでたいも類、
焼いた肉や魚にもよく合います。

材料（2人分）
にんにく…2かけ（20g）
A ┌みそ…100g　砂糖…40g
　└酒…50cc

作り方
❶にんにくは粗みじん切りにする。
❷鍋にAを入れて混ぜる。強火にかけふつふつと沸いてきたら、つやが出るまでよく混ぜ、中火にして①を加える。
❸なべ底に木べらで線がかけるようになったら火からおろす。粗熱がとれたら清潔な保存容器に入れる。

みょうが

植えつけ　2月上旬～4月下旬
収　穫　　8月上旬～9月下旬

冷蔵　冷凍　おかずの素

収穫のコツ

花が咲く前に収穫するべし

　地下茎で広がるみょうがは、土中から芽を出し、花を咲かせます。ふだん食べているのは蕾（つぼみ）ができる前の「花みょうが」で、花が咲くとスカスカになるので、土中からみょうがの先端が2cmほど出たら収穫します。蕾の周囲を少し掘り、根元にハサミを入れて切りとります。

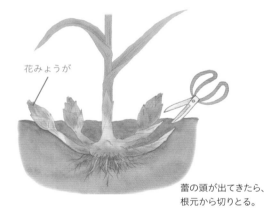

花みょうが

蕾の頭が出てきたら、
根元から切りとる。

収穫後は腐葉土をまく

　一度植えると何年も収穫が楽しめるみょうが。収穫が終わった10月ごろに腐葉土を株元にまくと株が充実し、翌年も元気な蕾をつけます。

肥料の与えすぎに注意

　半日陰を好み、やせた地でも育つので、耕作地ではない壁際や裏庭、菜園の片隅に植えてもOK。肥料が多いと葉が茂りすぎて蕾がつかないので、元肥は牛ふん堆肥のみにします。
　乾燥が苦手なため、植えつけ後は腐葉土や敷きワラをかぶせてマルチングをします。日光に当たって花みょうがが緑色に変色するのを防ぐ効果もあります。

プロの技！

**3～4年に1回は
植え替え**

　同じ場所で長期間の栽培が可能なみょうがですが、株が混みあうと収穫量が減るので、3～4年に1度の植え替えがおすすめです。スペース的に難しい場合は、2～3年ごとに株を間引きするだけでも違います。

ミニ知識　若い茎を味わうみょうがたけ

　世界を見ても食用するのは日本だけというみょうが。たけのこのように出る若芽を、光に当てずに栽培する「みょうがたけ」も人気があります。シャキシャキとした食感が魅力で、家庭菜園でも育てられます。5～6月ごろ、土寄せした株に、日光を当てないように底穴をふさいだ植木鉢などをかぶせて真っ暗にして育て、20～30cmに伸びたら収穫できます。

冷蔵保存　10日

表面をよく洗ってから保存

水洗いし、傷んでいる部分はとり除きます。ぬらしたペーパーに包んで保存袋へ入れて野菜室へ。常温では花が咲くので気をつけましょう。

香りもシャキシャキ感もキープできる。

冷凍保存　1か月

薄く輪切りにしておくと使いやすい

　繊維を断ち切るように薄く切り、保存袋へ入れて冷凍庫へ。薄切りだとすぐに解凍するので、薬味や汁ものに重宝します。

薄切りで冷凍

薄い輪切りにして、保存袋へ平らに広げて入れ、空気を抜いて冷凍。

利用法
- 凍ったまま、汁ものの最後に加えて。
- 凍ったまま香味だれやドレッシングなどに。

おかずの素　冷蔵で1か月

みょうがの甘酢漬け

ほんのりピンク色がうれしいみょうがの甘酢漬け。焼き魚に添えたりきざんで薬味にしたりと、使い道はいろいろ。シャキシャキ感と香りを楽しんで。

材料（作りやすい分量）
みょうが…30個
A
　酢…400cc
　砂糖…300cc
　塩…小さじ½

作り方
❶みょうがは縦半分に切り、熱湯でさっとゆでてざるに上げる。冷めたら清潔な保存容器に入れる。
❷鍋にAを入れて火にかけ、砂糖が溶けたら①に注ぐ。冷蔵庫で2〜3日漬けると味がなじむ。

みょうがの甘酢漬けを使って

みょうがとわかめの酢のもの

材料（作りやすい分量）
みょうがの甘酢漬け…5個
乾燥わかめ…少々　漬け汁…大さじ2〜3
作り方
❶乾燥わかめは水につけて戻し、水けを絞る。大きいものは食べやすく切る。
❷ボウルに全ての材料を入れてあえる。

みょうがと豚肉のさっぱり炒め

材料（2人分）
みょうがの甘酢漬け…4個
豚こま切れ肉…100g　塩、こしょう…各少々
サラダ油…大さじ½　しょうゆ…小さじ½
漬け汁…小さじ1〜2
作り方
❶豚肉に塩とこしょうをふって下味をつける。
❷フライパンにサラダ油を熱し、豚肉を炒める。肉の色が変わったらしょうゆを回し入れ、みょうがと漬け汁も加えてさっと炒める。

かぼちゃ

植えつけ　5月中旬〜6月中旬
収　　穫　8月上旬〜9月中旬

〔常温〕〔冷蔵〕〔冷凍〕〔おかずの素〕

収穫のコツ

収穫適期は葉茎とつる、へたを確認

　収穫のタイミングは、茎葉が全体的に黄色くなったころ。収穫したいかぼちゃ周辺の巻きづるが枯れ、へたがコルク状になり、縦に白いすじが入っていたら、へたを2cmほど残してハサミで切って収穫します。

へたがコルク状になったら収穫を。へたをハサミでカットする。

追熟するとうまみアップ

　収穫したあとは、すぐに調理するよりも、2週間以上おいて追熟させた方が、うまみが増します。直射日光の当たらない涼しい場所で寝かせておきましょう。

1株4〜5個で生育する

　味のいいかぼちゃを収穫するには、1株4〜5個以内におさえて育成するのがポイント。実が多くついた株は小さいうちにハサミで切り落とします（摘果）。実が地面に直接つくと傷みやすくなるため、実の下にもみ殻や敷きワラなどを敷いて保護しましょう。

プロの技！

植えつけ時のひと手間でおいしいかぼちゃに

　地ばい栽培で育てるときは、実がつく位置（株元から1mほど離れた場所）に1株あたり1つかみの有機肥料をまき、土とよく混ぜ合わせます。つるから出る根（気根）から肥料分が吸収され、甘みの濃い実ができます。

旺盛に伸びるかぼちゃのつると葉。畝からはみ出したものは戻してUピンでとめるか、込み入っていたら切り落として風を通す。

常温保存　〔3〜6か月〕

低温に弱いので冷暗所で

丸のまま保存するときは冷蔵庫に入れず、かごやコンテナなどに入れて風通しのよい冷暗所で保存します。

かぼちゃは常温でも長期保存が可能。

冷蔵保存　3〜4日

切ったものは冷蔵保存して

切り分けたかぼちゃは傷みやすいので、種とわたをとり除いてラップで包み、冷蔵庫の野菜室で保存します。

スプーンで種とわたをとり除く。

ラップで包み、冷蔵庫の野菜室で保存。

冷凍保存　1か月

マッシュや切ったものを冷凍しておくと便利

ゆでてつぶしておけば、スープやコロッケ、サラダなどが手軽に作れます。生のままひと口大の角切りや薄切りにしたものは、煮ものやみそ汁、天ぷらなどに便利です。

マッシュで冷凍

ひと口大に切り、やわらかくなるまでレンジで加熱後、粗くつぶす。保存袋へ入れて平らに伸ばし、空気を抜いて冷凍する。

利用法
●凍ったまま鍋に入れてスープに。
●解凍して、サラダやコロッケに。
●解凍して、プリンやタルトなどに。

角切りで冷凍

煮ものに入れるくらいのひと口大に切って保存袋へ入れ、空気を抜いて冷凍。

利用法
●凍ったまま煮汁に入れて煮て、煮ものに。

薄切りで冷凍（8mm厚さ）

8mmくらいの厚さに切り、保存袋へ入れ、空気を抜いて冷凍。

利用法
●凍ったまま天ぷらに。
●解凍してソテーや焼き肉などのつけあわせに。

冷凍かぼちゃを使って

かぼちゃのミルク煮

材料（2人分）
冷凍かぼちゃ（角切り）…8個
バター…5g
牛乳…適量
くるみ（素焼き）…2〜3かけ

作り方
❶鍋にバターを熱し、溶けたら凍ったままのかぼちゃを入れて炒める。全体に油が回ったら、ひたひたになるまで牛乳を注ぐ。ふたをせずそのまま弱めの中火で煮る。牛乳の膜が盛り上がってきたらそのままにしておき、かぼちゃがやわらかくなったら火を止める。
❷熱々の状態で器に盛り、くるみを砕いて散らす。

焼きかぼちゃのサラダ

材料（2人分）
冷凍かぼちゃ（薄切り）…200g
オリーブ油…大さじ1
水…大さじ2〜3
塩、こしょう…各少々
水菜（食べやすく切る）…適量
マヨネーズ、粉チーズ…各適量

作り方
❶フライパンにオリーブ油を熱し、冷凍かぼちゃを並べる。水をふり、ふたをして弱火で3〜4分蒸し焼きにする。
❷かぼちゃに火が通り、焼き色がついたら塩、こしょうをふる。
❸器に水菜を広げ、②を盛る。マヨネーズをかけ、粉チーズをふる。

おかずの素 　冷蔵で3日

かぼちゃのマッシュ

かぼちゃに牛乳とバターを混ぜたかぼちゃのマッシュ。
料理のつけ合わせにしたり、
クラッカーにのせてオードブルにしたりと幅広く使えます。

材料（作りやすい分量）
かぼちゃ…¼個
牛乳…適量　バター…10g
作り方
❶かぼちゃは種とわたを除き、ラップで包んで電子レンジ（600W）で5〜7分加熱する。
❷スプーンで身をすくってボウルに入れ、フォークで粗くつぶす。つぶしにくかったら牛乳を加える。バターを加えて溶かし、混ぜあわせる。
❸粗熱がとれたら保存容器に移して冷蔵庫に入れる。

かぼちゃのマッシュを使って

かぼちゃの蒸しパン

材料（8〜10個分）
かぼちゃのマッシュ…80g
砂糖…50g
A ┌ 溶き卵（1個分）＋牛乳…150cc
B ┌ 薄力粉…130g
　 └ ベーキングパウダー…6g
サラダ油…小さじ2
甘納豆…適量
作り方
❶耐熱容器にかぼちゃのマッシュを入れて電子レンジ（600W）で約1分加熱する。
❷ボウルに①と砂糖、Aを入れて泡立て器でよく混ぜる。Bをふるい入れ、粉っぽさがなくなるまで混ぜ、サラダ油を加えてさらに混ぜる。
❸耐熱容器に紙のマフィン型を入れ、型の7分目まで生地を流し入れ、甘納豆を差し込む。残りも同様に作る。
❹蒸気が上がった蒸し器に③を並べる。ふきんで包んだふたをして強火で8〜10分蒸し上げる。竹串をさして何もついてこなければOK。

かぼちゃのクラッカーサンド

材料（2人分）
かぼちゃのマッシュ…50g
カッテージチーズ…大さじ2
マーマレードジャム…大さじ1
クラッカー…20枚　ハーブ（好みで）…適量
作り方
❶耐熱容器にかぼちゃのマッシュを入れて、電子レンジ（600W）で1分加熱する。
❷粗熱がとれたらカッテージチーズとマーマレードジャムを加えて混ぜる。
❸クラッカーに②をのせてはさむ。好みでハーブを飾る。

消費レシピ

フライドかぼちゃ

材料（作りやすい分量）
かぼちゃ…400g
A ┌ 小麦粉、片栗粉…各大さじ4
  └ 塩、粗びき黒こしょう…各小さじ1
揚げ油…適量
粉チーズ…適量
作り方
❶かぼちゃは皮つきのまま棒状に切る。水にさらしてざるに上げ、水けをきる。
❷ポリ袋にＡを入れて振り、混ぜあわせる。
❸②に①を入れてもむようにしながら、かぼちゃに衣をまぶしつける。
❹揚げ油を170℃に熱し、③を入れ、カリッと揚げる。仕上げに粉チーズをかける。

かぼちゃプリン

かぼちゃ…300g
砂糖…60g
卵…2個
シナモンパウダー…少々
牛乳…250g
作り方
❶かぼちゃはスプーンで種とわたを除き、ラップで包んで電子レンジ（600W）で7〜8分加熱する。やわらかくなったら皮をとり除き、ボウルに入れて熱いうちにフォークでなめらかにつぶす。
❷砂糖、卵、シナモンパウダー、牛乳を加え、泡立て器でなめらかに混ぜる。
❸耐熱容器に流し入れ、表面の細かい泡をペーパーでなでてとり除く。
❹フライパンにふきんをおき、その上に③をのせる。熱湯を容器の高さの⅓まで注ぎ、ふきんで包んだふたをして弱火で20〜25分蒸す。竹串をさして、液体が出てこなければOK。とり出して冷ます。

 牛乳を生クリームに替えるとより濃厚になります。

part **2**

ハーブ

菜園のすみや庭先に、植えておくと便利なハーブ。
ハーブがあると、香りやその風味に癒され、
生活にうるおいが生まれます。使いやすい人気ハーブの
収穫方法や利用法を紹介します。
どんどん利用しましょう！

ミント

植えつけ	4月上旬〜6月中旬
収　穫	5〜10月

バター ティー ウォーター

左はスペアミント、右はアップルミント。

収穫のコツ

ふえるので植える場所に注意

　草丈が20cmほどになったら収穫可能です。繁殖力が旺盛で、地下茎でどんどん増殖し、ほかの作物の栄養分も吸収してしまうため、植える株数や植える場所に注意します。収穫するときは剪定も兼ねて枝ごと切り、ある程度成長したら、定期的に株元で切り詰めて剪定するといいでしょう。またやわらかい葉が楽しめます。

保存・利用法

ハーブティーやカクテルに

　常温の水にさしておくか、ちぎった葉を保存袋に入れて冷蔵保存。乾燥した場合は、水を張ったボウルに入れると鮮度をとり戻します。自然乾燥は酸化して葉が黒ずむのでオーブン乾燥がおすすめです。ハーブティーやモヒートなどのドリンク、サラダや炒めもの、ドレッシング、ソースなどに適しています。

おすすめレシピ

ミントシロップ

材料（作りやすい分量）
ミント（ペパーミント）…枝ごと10g
三温糖…90g　水…1カップ
作り方
❶鍋に三温糖と水を入れて火にかける。
❷沸騰したら火を止めてミントを入れる。ふたをして粗熱がとれるまでおく。
❸ざるでこし、ミントの葉をとり除く。清潔なびんに入れ、冷蔵庫で1週間ほど保存可能。

ミントシロップを使って

ノンアルモヒート

ライム½個を4等分に切ってグラスに入れて、フォークなどでつぶして果汁を出す。ミントシロップと氷を入れ、炭酸水をグラスの半分まで注いで一度混ぜ、残りの炭酸水を注ぐ。飾りにミントの葉をのせる。シロップの量は好みで加減する。ラムを入れればモヒートに。

水やお湯で割っても、おいしい！
かき氷のシロップにも。

バジル

種まき　4月中旬〜6月中旬
収　穫　7月上旬〜10月下旬

`バター` `オイル`

収穫のコツ

摘心をして、わき芽をふやす

　草丈20cmほどになったら収穫適期。最初に収穫するときは、摘心をかねて一番上の株を切りとります。わき芽がふえて、新しい葉を次々と収穫できるようになります。その後も枝がふえて蒸れないように、株を間引くように枝ごと切って収穫します。花が咲くと花に養分をとられてしまうので、蕾(つぼみ)のうちに摘みとります。

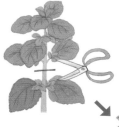

まず、摘心を兼ねて、先端を切りとる。わき芽が出てきたら枝の先端を切って収穫。

保存・利用法

枝ごと収穫し、使う直前に葉を摘む

　常温の水に枝ごとさしておき、使うときに葉を摘むのがおすすめ。そのまま冷凍すると色が黒ずむので、鮮やかなグリーンを楽しむなら、ソースにして保存するのがベター。バジルの代表的な品種のスイートバジルはイタリア料理に欠かせず、パスタやサラダ、ピザなどによく合います。炒めものにも。

`ジェノベーゼソースを使って`

ジェノベーゼパスタ

材料（2人分）
スパゲティ…160g
ジェノベーゼソース…100g　塩…少々
バジルの葉…少々

作り方
❶鍋に湯をわかし、塩大さじ1（分量外）を加えスパゲティをゆでる。ゆであがったらざるに上げて水けをきる。
❷ボウルにジェノベーゼソース⅔量を入れ、熱々の①を加えてあえる。塩で味をととのえる。
❸器に盛り、残りのソースをかけ、バジルの葉を飾る。

保存袋に入れて平らにのばして冷凍すると、折って使えて便利。香りづけに少量だけ使うときにも活躍します。

おかずの素 冷蔵で2週間 / 冷凍で3週間

ジェノベーゼソース

バジルをたっぷりと使ったおなじみの
パスタソース。チーズやナッツもたっぷりの
リッチな味わいは、いもや魚介にもよく合います。

材料（作りやすい分量）
バジルの葉…100g

A ┌ にんにく…1かけ　松の実…60g
　│ パルメザンチーズ…60g
　└ 塩…小さじ½　オリーブ油…200cc

作り方
❶バジルの葉は、ペーパーで水けをしっかりふきとる。
❷Aをフードプロセッサーにかける。
❸なめらかになったらバジルを加え、1分ほどかくはんする。
❹保存容器に入れ、表面が空気に触れないようにオリーブ油（分量外・適量）を注いで表面を覆い冷蔵庫で保存する。

ジェノベーゼソースを使って

たことじゃがいものジェノベーゼサラダ

材料（2〜3人分）
ジェノベーゼソース…大さじ4〜5
ゆでだこの足…300g
じゃがいも…2個
塩、こしょう…各少々
レモン汁…¼個分

作り方
❶たこはひと口大のそぎ切りにする。
❷鍋に湯を沸かし、じゃがいもを皮つきのままゆでる。竹串がスッと通ったらざるに上げて水けをきる。
❸じゃがいもの粗熱がとれたら皮をむいてひと口大に切る。
❹じゃがいもとたこを、塩、こしょう、レモン汁であえる。仕上げにジェノベーゼソースを加えてからめる。

パクチー

種まき	3月上旬〜7月上旬
収　穫	6月上旬〜9月下旬

しょうゆ

収穫のコツ

根元を残して収穫すれば、次々に出てくる

　西洋ではコリアンダー、中国では香草（シャンツァイ）と呼ばれるパクチーは、世界各地で愛用されているハーブ。草丈20cmくらいになったら収穫します。地上部を5〜7cmほど残し、ハサミで切りとります。生育が旺盛で、新しい芽がどんどん伸びるので、繰り返し収穫できます。香辛料として使える種（コリアンダーシード）をとるなら、種がよく育つように葉をとらないままの株を残し、花穂（かすい）が茶色になったら自然乾燥させてとります。

保存・利用法

めん類やスープ、サラダのトッピングに

　生の状態で保存するときは、枝の切り口を湿らせたペーパーでくるみ、さらに湿ったペーパーを敷いた密閉容器に入れて、冷蔵庫の野菜室で保存すると長持ちします。種は密閉容器に入れて常温保存します。葉は細かくきざんで、炒めもの、めん類、スープ、サラダ、ソースなどに、種はカレーなどのエスニック料理の香りづけに使えます。

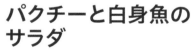

おすすめレシピ

パクチーと白身魚のサラダ

材料（2〜3人分）
パクチー…1〜2株
玉ねぎ…¼個
白身魚（鯛やスズキなど）の刺身
　…1さく程度（200g）
A ┌ しょうゆ、レモン汁…各大さじ1
　└ オリーブ油…大さじ½〜1

作り方
❶玉ねぎは薄切りにして水にさらし、ざるに上げる。サラダスピナーかペーパーで水けをしっかりとる。
❷パクチーはざく切りにする。白身魚は薄いそぎ切りにする。
❸器に玉ねぎを敷き、その上に刺身を並べ、よく混ぜたAを回しかける。仕上げにパクチーをのせる。

ルッコラ

種まき　4〜6月、9〜10月中旬
収　穫　5〜7月、10月中旬〜12月

[バター]

収穫のコツ

摘みとり収穫もおすすめ。花も食べられる！

　種まきから約1か月後が収穫適期。草丈20cmほどになったら株元を持って引き抜きます。長く収穫を楽しみたい場合は、下葉から順に摘みとっていけば、新しい芽が伸びて若い葉が収穫できます。大きく生長すると辛みが強くなりますが、加熱すればやわらぎます。白い花にも香りや辛みがあっておいしいので、ぜひ咲かせてみて。

保存・利用法

サラダなどで生の風味を楽しみたい

　葉もの野菜と同じく、湿らせたペーパーで包んで保存袋に入れて野菜室で保存します。ごまのような豊かな風味と少しピリッとする辛み成分をいかして、生のままサラダやパスタ、ピザのトッピングにするのがいちばん。ハムとよく合うので、下のようにサンドイッチにするのもおすすめ。和食とも相性がよく、炒めものやおひたし、みそ汁に入れてもおいしい。花は、サラダやスープ、ピザなどのトッピングに最適です。

[おすすめレシピ]

ルッコラと生ハムの バゲットサンド

材料（1人分）
ルッコラ…ひとつかみ程度
バゲット…20cm程度
バター（室温に戻す）…20g
生ハム…6枚
粗びき黒こしょう…少々
作り方
❶バゲットに切り込みを入れ、内側両面にバターをぬる。
❷ルッコラは葉と茎を切り分ける。
❸ルッコラを、バゲットに敷くようにはさむ。その上に生ハムをはさみ、粗びき黒こしょうをふる。

ローズマリー

植えつけ	3月中旬〜6月中旬
収　穫	通年

ソルト　バター　オイル　ビネガー
しょうゆ　ウォーター

収穫のコツ

いつでも収穫可能。定期的に剪定を

　２年目からは大株になるので、一年中収穫が可能です。葉先のみ摘むか、葉先から10㎝くらいの長さでカットします。とくに花が咲く前が香りがいいとされ、この時期にまとめて収穫して保存しておいても。湿気を嫌うため、葉が混みあう前に１か月に１回は収穫を兼ねて剪定しましょう。新しい枝が出てやわらかい葉が楽しめます。

保存・利用法

さわやかな香りをステーキやポテトに

　生の場合、常温の水にさすか冷蔵保存を。冷蔵保存は切り口を湿らせたペーパーで包み、保存袋に入れると鮮度が保てます。長期保存なら電子レンジで乾燥させるか、オイルやビネガーに漬けておきます。

　羊肉、豚肉、いわしやさばなどクセの強い素材の臭み消しに使われますが、鶏肉、じゃがいもなど淡白な素材にもよく合います。とくにステーキといっしょに焼いたり、下のようにポテトといっしょに揚げるのが定番。

おすすめレシピ

トスカーナ風フライドポテト

材料（2〜3人分）
ローズマリー…5〜6枝　じゃがいも…大2個
薄力粉…大さじ１　にんにく…4〜5かけ
揚げ油…適量　塩、粗びき黒こしょう…各少々

作り方

❶じゃがいもは皮つきのまま棒状に切って水にさらす。

❷じゃがいもをざるに上げて水けをきり、ペーパーで水けをふきとり、薄力粉を薄くまぶす。

❸フライパンにローズマリー、皮つきのにんにくを入れ、揚げ油を３〜４㎝深さまで注いで弱火にかける。

❹ローズマリーがカリッとした状態になったらとり出し、にんにくは薄茶色になってきたらとり出す。

❺じゃがいもをカリッと揚げる。

❻塩と粗びき黒こしょうをふって器に盛り、揚げておいたローズマリーとにんにくを添える。食べるとき、枝をとり除き、葉をちらす。

ローズマリーとにんにくを加えると、たちまちお店の味のポテトになります。

タイム

植えつけ	4月中旬～6月下旬
収　穫	通年

ソルト　バター　オイル　ビネガー
しょうゆ　ウォーター

収穫のコツ

株を大きくしてから収穫を

　株を充実させるために、収穫は2年目以降にするとよいでしょう。それまでは、収穫を兼ねて古い枝を剪定します。乾燥を好むので、風通しをよくするために、梅雨前や開花直前（4～6月と9月）に全体の1／3を切り戻します。2年目以降は枝元を切って収穫。開花前のほうがより香りが楽しめます。

保存・利用法

さわやかな香りで魚や肉の臭み消しに

　生の状態で常温の水にさしておきます。乾燥させても香りが消えないので、収穫後はネットに入れて自然乾燥か、電子レンジで乾燥後、保存容器で保管します。さわやかな香りは素材を選ばず、煮込み料理や肉や魚のソテー、マリネなどオールマイティに使えます。ブーケガルニにも欠かせません。防腐作用や殺菌効果に優れ、オイルやビネガー漬けにも適しています。

おすすめレシピ

ビネガーソースがけ
さばのソテー

材料（2人分）
タイム…5～6枝
さば…三枚おろしの半身
玉ねぎ…½個　にんにく…1かけ
オリーブ油…大さじ2～3
塩、こしょう…各少々
A ┌ 赤ワインビネガー、オリーブ油
　│　…各大さじ1
　└ 塩、こしょう…各少々

作り方
❶さばは2等分に切り、皮目に斜めの切れ目を入れる。塩とこしょうで下味をつけ、5分ほどおく。
❷玉ねぎは薄切りにする。にんにくは包丁の腹で押しつぶす。
❸フライパンにオリーブ油と②、タイムを入れて中火にかける。いい香りがしたらさばの皮目を下にして焼く。
❹さばに焼き目がついたら裏返して火が通るまで弱火で焼く。
❺さばに火が通ったら玉ねぎといっしょに盛りつけ、タイムを添える。
❻フライパンにAを入れて火にかけ、ひと煮立ちしたらさばに回しかける。

セージ

植えつけ　4月上旬〜5月下旬
収　穫　3〜11月

ソルト　バター　オイル　ビネガー

収穫のコツ

新芽を摘むと次々にわき芽がつく

　草丈が20cmくらいになったら新しい芽をハサミでカットして収穫します。カットしたところからわき芽がどんどん伸びて、新しい芽を繰り返し収穫することができます。梅雨のじめじめや夏の暑さが苦手なので、風通しをよくするために、梅雨前には枝の混みあった部分を収穫もかねて剪定するといいでしょう。

保存・利用法

肉や魚料理の香りづけに

　生のまま常温の水にさし、摘みながら使うのがおすすめ。枝の切り口を湿らせたペーパーでくるみ、さらに湿ったペーパーを敷いた保存容器に入れて、冷蔵庫の野菜室で保存しても。オイルやビネガー漬け、きざんでバターに混ぜると、香りが長く楽しめます。強い香りは脂っこい料理をすっきりと仕上げ、肉や魚、乳製品とよく合います。

オレガノ

植えつけ　4月上旬〜6月中旬
収　穫　4〜10月

ソルト　バター　オイル　ビネガー
しょうゆ

収穫のコツ

多湿に注意し、適宜収穫を

　1年目から収穫可能ですが、株が充実する2年目からの収穫がおすすめ。しっかり育ち、葉が多く茂ります。多湿が苦手なので、梅雨から夏にかけては、蒸れ防止のために枝の混みあった部分を収穫もかねて剪定するといいでしょう。ドライにする場合は、もっとも香りが高くなる開花直前に枝元から切りとります。

保存・利用法

トマトやチーズによく合う！

　葉は生でもドライでも使えますが、乾燥させるとスパイシーな香りがより楽しめます。風通しのいい日陰で乾燥させたあと、葉をしごいて枝からとり、密閉容器などで保存します。または、レンジ乾燥で。肉や魚料理、パスタに風味を添えるほか、トマトやチーズとよく合うので、ピザのトッピングやオムレツにも。

フェンネル

植えつけ　3月中旬〜5月中旬
収　穫　4〜11月

ソルト　バター　オイル　ビネガー

収穫のコツ

茎ごと切って収穫

　春〜秋にかけて収穫可能で、草丈20cm以上になったら茎ごと摘みとります。ハーブティーや薬味に使える種は、花が咲き、花茎が色づいたら茎ごと切りとり、陰干し後にとり分けます。肥大した株元が食べられる品種（フローレンスフェンネル）は、株元がふくらんだら土をかけておくと、みずみずしい株に生長します。

保存・利用法

魚によく合うのでカルパッチョやソテーに

　常温の水にさすか、枝の切り口を湿らせたペーパーでくるみ、さらに湿らせたペーパーを敷いた密閉容器に入れて、冷蔵庫の野菜室へ。株元は葉を切りとり冷蔵保存します。「魚のハーブ」と呼ばれ、魚介類との相性がよく、オイルやビネガー漬けにも。株元はきざんでサラダやスープ、煮込み料理におすすめです。

レモングラス

植えつけ　5月上旬〜9月中旬
収　穫　7〜11月

ソルト　ビネガー　しょうゆ
ティー　ウォーター

収穫のコツ

夏にぐんぐん生長する

　熱帯性のハーブで夏〜秋にかけて収穫可能です。夏場は生長の勢いが増し、株元から10cmぐらいの場所で切りとれば、新しい芽がどんどん伸びるので剪定も兼ねて収穫しましょう。畑で冬越しができないため、晩秋に株元を10cm残して刈り込んだあと、鉢に移し、春まで室内か、霜が降りない屋根のある明るい場所で管理します。

保存・利用法

レモンの香りをお茶や水に移して

　生の葉は湿らせたペーパーに包んで保存袋に入れて冷蔵庫へ。ドライにするなら、ネットなどに入れて自然乾燥させます。使うときはハサミできざむと、レモンの香りがより楽しめます。生やドライを使ったハーブティーやハーブウォーターのほか、トムヤムクンやカレーなどの香りづけにも欠かせません。

ハーブの利用法

丈夫でぐんぐん育つハーブは、密を避けていきいき育てるためにも、葉や茎がかたくなる前に次々と収穫するのがおすすめ。調味料に混ぜたりつけたりしておくと、調理の際にわざわざ加える必要がなく、手軽に風味がつけられて重宝します。さわやかな風味を楽しむなら、お茶や水に入れて、毎日のうるおいに。ここで紹介するレシピは、どのハーブでも同じように作れます。

ハーブソルト

いつもの塩の代わりに洋風メニューに使います。肉や魚のグリルやソテー、ドレッシングやスープなどの味つけに、気軽に使えて便利です。

向いているハーブ

ローズマリー、タイム、セージ、オレガノ、フェンネル、レモングラス

材料
ローズマリーの葉5g、タイムの葉5g、粗塩適量、好みで黒こしょう3〜4粒
作り方
❶葉の水分をふきとり、できるだけ細かくきざむ。黒こしょうはびんの底などで押しつぶす。
❷清潔なびんに塩を入れ、その上に❶を加え、それを繰り返し、使うときに混ぜる。または、一緒に入れてふたを閉めて軽くふって混ぜ合わせる。
＊常温で2か月、冷蔵で半年ほど保存可能。

ハーブバター

ハーブの香りのバターは、カットしたバゲットに、こんがり焼いたトーストにぬるだけで、立派な一品に。ソテーやグラタンに使えばおいしさアップ！

向いているハーブ

バジル、ミント、ルッコラ、ローズマリー、タイム、セージ、オレガノ、フェンネル

材料
バジルの葉15g、有塩バター100g、すりおろしたにんにく少々、白こしょう少々
作り方
❶バターは室温においてやわらかくし、木べらなどで練ってペースト状にする。
❷バジルは水けをしっかりふきとり、みじん切りにする。
❸全てをよく混ぜ合わせる。ココットに詰めて、冷蔵庫で30分以上冷やす。
＊冷蔵で1週間、冷凍で3週間ほど保存可能。

ハーブオイル

いつものオリーブオイルの代わりに、パスタやソテー、サラダなどに使います。アヒージョやカルパッチョに、塩を加えてパンにつけてもおいしい！

（向いているハーブ）
ローズマリー、タイム、バジル、オレガノ、セージ、フェンネル

材料
ローズマリーまたはタイム2〜3枝、オリーブ油適量
作り方
❶ハーブはしっかりと水けをふきとる。
❷びんにオリーブ油とハーブを入れる。2〜3日たったらハーブをとり出す。

＊常温で1か月ほど保存可能。

ハーブビネガー

お酢に、ハーブの風味を移したハーブビネガー。ドレッシングやマリネなどに活躍します。米酢やアップルビネガーで作ってもおいしく使えます。

（向いているハーブ）
セージ、レモングラス、ローズマリー、タイム、オレガノ、フェンネル

材料
セージまたはレモングラス適量、白または赤ワインビネガー適量
作り方
❶ハーブはしっかりと水けをふきとる。
❷びんにワインビネガーとハーブを入れる。2〜3日したらハーブをとり出す。

＊常温で1か月ほど保存可能。

ハーブしょうゆ

エスニックな風味をつけたしょうゆは、刺身や豆腐、鍋ものなどによく合います。えびや白身魚、鶏肉のソテーやボイルにも、かけるだけでおいしさアップ！

（向いているハーブ）
パクチー、レモングラス、ローズマリー、タイム、オレガノ

材料
パクチー2〜3本、レモングラス1本、しょうゆ1カップ
作り方
❶ハーブは水分をしっかりふきとる。
❷保存容器に全ての材料を入れる。2〜3日したらハーブをとり出す。

＊冷蔵で1か月ほど保存可能。

ハーブティー

フレッシュハーブにお湯を注げばハーブティーに。さらにおすすめは、緑茶や紅茶にプラスしたハーブティー。好みのハーブを組み合わせても楽しい！

（向いているハーブ）
ミント、レモングラス、カモミール

材料（2人分）
煎茶の茶葉4g、ミント少々
作り方
❶ティーポットに煎茶とミントを入れ、沸騰させ少し冷ました90℃程度のお湯を1カップ注ぐ。30秒ほどおいてカップにつぐ。

ハーブウォーター

ミントやレモングラスのさわやかな風味を水に移したハーブウォーター。好みの柑橘類もプラスして、さわやかさをアップさせましょう。

（向いているハーブ）
レモングラス、ミント、タイム、ローズマリー

材料
レモングラス1〜2本、オレンジやレモンの輪切り1〜3枚、水適量
作り方
❶ピッチャーに材料を全て入れる。その日のうちに飲みきって。

ドライハーブの作り方

たっぷりとれて使いきれないときは、ドライハーブにする方法もあります。枝を数本ずつ根元でまとめて風通しのよい、日光の当たらない場所に干します。乾燥したら枝から葉をとり、乾燥剤とともに密閉容器などに入れて保存。

また、電子レンジで乾燥させるのも手軽です。5秒、10秒…と小刻みに様子を見ながら加熱します。湯気が立ち、水分が飛んだらOK。ざるなどに入れて室内でカラカラになるまで乾燥させ、乾燥剤とともに保存。焦げやすいので、加熱中、黒く焦げてしまったものは破棄して、新しいハーブで作ってください。

ペーパーを敷いて、ハーブを重ならないように並べる。

湯気が立ち、縮んでこのくらい色が変わったら加熱終了。このあと、室内で乾燥させる。

※ペーパーはレンジ加熱中に発火することがあります。目を離さないでください。

3

秋冬野菜

秋から冬に収穫する野菜の、収穫のコツと保存、
たっぷり食べるためのレシピを紹介します。
夏から育てた秋の実りや、
寒さに当たっておいしさを増す野菜を上手に保存し、
おいしくいただきましょう。

小かぶ

種まき　3月上旬〜5月下旬、8月中旬〜10月上旬
収　穫　5月上旬〜7月中旬、10月上旬〜12月下旬

（冷蔵）（冷凍）（漬けもの）

収穫のコツ

直径5〜6cmが食べごろ

　小かぶの直径が5〜6cmまで生長したら、葉を束ねて持ち、引き抜いて収穫します。タイミングを逃すと、中央にスが入ったり、すじっぽくなったりと味が落ちるので、収穫どきを逃さないように。早めの収穫を心がけましょう。

早朝の収穫がおすすめ

　収穫は、朝霧が降りている早朝がベスト。土の水分量が多いので、日中や夕方に収穫するよりもつるんと抜け、かぶの皮肌が白く、洗いあがりもきれいです。日持ちもし、おいしさが長続きします。

葉をまとめて持って上へ引く。

収穫後に菜園で水洗いしない

　収穫後はハサミや包丁で、すぐに葉を切り落としましょう。かぶと葉を別々にすることで、それぞれのみずみずしさを保つことができます。収穫後、菜園で水洗いすると、株元や葉裏などに残った水分が温まり、雑菌がふえて傷みやすくなります。その場では洗わず、新聞紙に包んで持ち帰るのがベストです。

アブラナ科の連作はしない

　かぶはアブラナ科の一種で、アブラナ科特有の根こぶ病にかかりやすいもの。かぶはもちろん、同じアブラナ科（小松菜、ちんげん菜、白菜、キャベツ、水菜など）の作物を同じ場所で続けて栽培（連作）するのは避けましょう。連作が、根こぶ病の原因になります。

ミニ知識

アブラナ科特有の「根こぶ病」

　根こぶ病はアブラナ科特有の土壌病害で、土の中のカビによって、根に大小のこぶができます。このこぶが吸水を阻害して生育が進まず、ひどいときは枯れてしまうことがあります。一度感染した畑は被害が出やすくなりますが、同じアブラナ科の大根は、感染しても発病しにくい性質があります。この性質を利用して、根こぶ病菌を減らす「おとり作物」として葉大根の種が市販されています。

プロの技！

**間引きと追肥で
生育スピードを加速！**

　かぶは、生育スピードが速いほうが、やわらかくジューシー。時間がかかると、すじっぽく、かたくなってしまいます。スピーディーに大きくさせるには、1本に間引いたあとの追肥がカギ。間引き後、化成肥料を1株に1つまみ追肥すれば、生長が促進されます。本葉7〜8枚のころには根の肥大が始まり、短期間でおいしいかぶが収穫できます。

冷蔵保存　　10日

葉を切り落として冷蔵保存

葉をつけたままにしておくと根の栄養や水分を葉にとられてしまいます。すぐに葉は切り落とし、根は丸のままペーパーに包んで保存袋に入れ、野菜室で保存します。

葉を切り落としてペーパーに包む。

冷凍保存　　1か月

使いやすい形に切って冷凍

サラダや煮もの、汁ものにも使いやすいので、切って冷凍しておくと便利です。ポン酢を回しかけて自然解凍したら漬けもの風に。栄養豊富な葉も、冷凍保存しておくと便利。

くし形切りで冷凍

皮を厚めにむいて、縦の放射線状に4〜6等分し、保存袋に入れて空気を抜いて冷凍。

利用法

●凍ったままドレッシングをかけて、自然解凍しながらマリネに。
●凍ったままだし汁に加えて煮てみそ汁に。
●湯をかけて解凍し、梅肉あえ、おかかあえ、のりの佃煮あえに。

皮を細切りにして冷凍

皮は4〜5cm長さくらいにし、保存袋に入れて空気を抜いて冷凍。

利用法

●凍ったまま塩やこぶ茶をかけて、自然解凍しながらマリネに。
●凍ったままだし汁に加えて煮てみそ汁に。

葉をそのまま冷凍

切り落とした葉はラップにしっかりと包んで冷凍。

冷凍小かぶを使って

かぶのホットサラダ

材料（2〜3人分）
冷凍小かぶ（くし形切り）…3〜4個分
鶏ささみ…3本
ごまドレッシング（市販）…適量
作り方
❶鍋に湯を沸かし、冷凍小かぶ、ささみを入れてゆでる。ざるに上げて水けをきり、ささみは食べやすい大きさにさく。
❷器に盛り、ドレッシングをかける。

ささみの代わりに鮭の水煮缶でもおいしいです！

115

漬けもの 5日〜2週間

かぶの西京みそ漬け

冷蔵で1週間

材料（作りやすい分量）
小かぶ…6〜7個（500g）

A
- 西京みそ…300g
- みりん…大さじ1と½
- 練りがらし…大さじ1

作り方
❶小かぶは皮をむいて4〜6等分に切る。
❷Aを混ぜあわせて½量を保存容器に入れて平らにならし、①を並べ入れて残りのAをかぶせ、ぴったりとラップをかける。
❸3時間以上漬ける。小かぶをとり出し、みそをぬぐいとって器に盛る。

保存容器にみそなどを入れ、小かぶを入れて埋める。

空気が入らないようにぴったりとラップをかける。

かぶの千枚漬け風

冷蔵で5日間

材料（作りやすい分量）
小かぶ…5〜6個（皮をむいて500g）
ゆず…1個　赤とうがらし…1本
昆布…5cm角
塩…小さじ1（かぶの重さの1％）

A
- はちみつ…大さじ1
- 酒…大さじ1　酢…50cc

作り方
❶小かぶは皮をむいて薄切りにし、ゆずは薄切りにして種を除く。赤とうがらしは種を除き小口切りにする。昆布は細切りにする。
❷保存容器にかぶの半量を広げ、塩小さじ½をふる。その上にゆず、赤とうがらし、昆布の順にちらす。これを繰り返す。
❸Aをよく混ぜて②に注ぎ、ラップをかけて500g前後の重石をし、約2時間漬ける。

容器に小かぶ、ゆず、赤とうがらし、昆布をちらす。

ラップをかけて水を入れたペットボトルなどで重石をする。

かぶの塩レモンオイル漬け

冷蔵で2週間

材料（作りやすい分量）
小かぶ…4〜5個（300g）
レモン…1個　塩…小さじ1
オリーブ油…100cc
粗びき黒こしょう
　…好みで少々

作り方
❶小かぶは皮つきのまま縦4等分に切る。レモンは皮¼個分を薄く削りとり、せん切りにする。実は絞る。
❷保存容器にかぶを入れて塩を加え、ふってなじませる。残りの材料を入れてよく混ぜあわせ、冷暗所で半日以上漬ける。

清潔な保存容器に材料を入れて漬け込む。

消費レシピ

とろっとしたかぶの
食感がくせになりそう！

かぶとベーコンのシチュー

材料（作りやすい分量）
小かぶ…20個
にんじん…1本　玉ねぎ…1個
ベーコン（かたまり）…150g
サラダ油…大さじ1
水…400cc
コンソメスープの素（固形）…1個
牛乳…400cc
塩、こしょう…各少々
A ┌ 小麦粉…大さじ2
　└ マヨネーズ…大さじ3

作り方
❶小かぶは厚めに皮をむき、大きければ縦半分に切る。にんじんは皮をむいてひと口大の乱切りにする。玉ねぎはくし形に切る。ベーコンは食べやすい大きさに切る。
❷鍋にサラダ油を熱してにんじん、玉ねぎ、ベーコンを炒める。玉ねぎがしんなりしたら、小かぶと水、コンソメスープの素を加えて強火にする。沸騰したら弱めの中火で煮る。
❸にんじんとかぶに火が通ったら牛乳を加えて、塩、こしょうで味をととのえる。
❹Aをよく混ぜ、煮汁（150～200cc）を少しずつ加えてのばし、鍋に戻す。強火にしてとろみがつくまで煮込む。

ベーコンの代わりにウインナーを丸ごと入れてもおいしいです。

かぶと豚肉の中華鍋

材料（作りやすい分量）
小かぶ…6～8個　　水菜…1束
しょうが、にんにく…各1かけ　水…1ℓ
A ┌ 中華顆粒だし…大さじ3
　│ 酒…大さじ2　塩…小さじ½
　│ しょうゆ…小さじ1弱
　└ ごま油…大さじ½
豚しゃぶしゃぶ肉…300～400g

作り方
❶小かぶは皮つきのままスライサーで輪切りにする。水菜はざく切りにする。しょうがとにんにくは薄切りにする。
❷鍋に水とAとにんにく、しょうがを入れて火にかけ、沸騰したら水菜を加える。豚肉とかぶは食べるときに入れてサッと煮て、汁ごとよそう。

ラディッシュ

種まき　3月上旬～5月上旬、8月下旬～10月中旬
収　穫　5月上旬～6月下旬、9月下旬～11月中旬

冷蔵　冷凍　漬けもの

収穫のコツ

直径2～3cmになったら食べごろ

　「二十日大根」とも呼ばれる通り、種まきから1か月ほどで収穫できます。根の直径が2～3cmになったら、根元を指ではさみ、グッと引き抜いて収穫します。

　とり遅れると、中央にスが入ったり、根が割れたりすることがあるので、食べごろを逃さずに収穫しましょう。

間引くタイミングを逃さない

　ラディッシュを形よく、おいしく育てるには、間引きがポイントになります。本葉が1～2枚に生長したら、株間が5～6cmになるように間引きをします。間引きが遅れると株間が混みあい、細長い形になったり、根が割れたりするといった不良根の原因になります。間引いた株はみそ汁など汁ものでいただきましょう。

冷蔵保存　1週間

葉やひげ根を切って冷蔵

葉や、細いひげ根がついていると、根の栄養や水分が吸収されてしまうので、すぐに切りとりましょう。ペーパーに包んで保存袋へ入れて野菜室へ。

収穫後、葉は早めに切り落とす。　ペーパーに軽く包んで保存袋へ。

冷凍保存　1か月

薄く切っておくと使い勝手がいい

丸のまま冷凍すると食感が悪くなるので、薄く切って冷凍するのがおすすめ。料理に添えると彩りがよくなります。

薄切りで冷凍

葉とひげ根を切り落とし、薄く切る。保存袋へ入れ、空気を抜いて冷凍庫へ。

利用法
●湯をかけて解凍し、鮭の水煮とマヨネーズであえる。
●湯をかけて解凍し、白身魚の刺身とあえる。
●凍ったままドレッシングをかけ、解凍しながらマリネに。

漬けもの　2週間

ラディッシュのピクルス

冷蔵で2週間

材料（作りやすい分量）

ラディッシュ…30〜40個

A
- 水…400cc
- 酢…200cc
- 砂糖…大さじ4
- 塩…小さじ¼
- 粒黒こしょう…10粒
- あればローリエ…1枚

作り方

❶ラディッシュは葉とひげ根を切り落とす。大きいものは食べやすい大きさに切る。

❷鍋にAを入れて火にかけ、沸騰したら火からおろし、粗熱をとる。

❸保存容器に②とラディッシュを入れ、ひと晩以上漬ける。

温かいピクルス液に漬け込むと早く漬かる。

消費レシピ

ラディッシュのハーブフライ

材料（作りやすい分量）

ラディッシュ…40個

小麦粉…2カップ　水…200cc

パン粉…2カップ

バジル（ドライ）…大さじ1

揚げ油…適量

A
- 玉ねぎのみじん切り…大さじ2
- マヨネーズ…100cc　砂糖…少々

作り方

❶ラディッシュは葉とひげ根を切り落とす。

❷ボウルに小麦粉と水を入れてよく混ぜあわせる。パン粉とバジルを混ぜる。

❸ラディッシュを②の衣にからめ、まんべんなくパン粉をつける。

❹揚げ油を170℃に熱し、③をカリッと揚げる。器に盛り、Aをよく混ぜあわせて添える。

バジルの代わりにカレー粉を入れても。揚げたてに粉チーズをふってもおいしいですよ。

にんじん

種まき　3月上旬〜5月上旬、6月中旬〜8月下旬
収　穫　6月下旬〜8月下旬、10月上旬〜12月下旬

〔冷蔵〕〔冷凍〕〔おかずの素〕〔漬けもの〕

収穫のコツ

種まきから90日後が収穫の目安

　収穫するときは、葉の下の方を持って一気に引き抜くのがコツ。適期を逃がすと、中央にスが入ったり、根が割れるので（実割れ）注意します。ただ実割れしたにんじんも、質は落ちますが普通に食べられます。

収穫後は葉をカット

　食用部分の消耗を防ぐために、収穫したらすぐにハサミや包丁で葉を切り落とします。収穫後は菜園で水洗いをすると、鮮度が落ちたり、雑菌がふえて傷みやすくなるので、土がついたまま新聞などにくるんで持ち帰ります。

土寄せで緑化を防ぐ

　にんじんの根の頭頂部が土から出ると、太陽に当たる部分が緑化して見た目と品質が落ちます。これを防ぐためには、3回目の間引き後の追肥（1㎡につき化成肥料20〜30g）をしたときに、株元に土寄せをします。葉の根元にある生長点に土がかからないようにします。

間引き菜は天ぷらやおひたしに

　間引き菜は独特の風味があるので、捨てずにいただきましょう。間引きするときに根を残すと土の中で腐り、残った苗の生育を妨げるので、しっかり引き抜きます。

プロの技！

間引きの手間も省く
「点まき」で発芽率アップ

　発芽が難しいにんじんは、5㎝間隔で、1か所に種を7〜8粒まく「点まき」がベストです。発芽後は、幼い苗の葉が互いに触れあいながら「共育ち」し、生育がよくなります。間引きのときも残す株をバランスよく選べます。

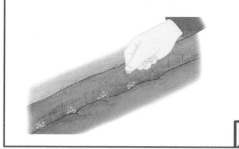

ミニ知識

外灯など夜の明かりに注意

　にんじんやほうれん草は「長日性植物」といって、日照時間が一定よりも長くなると花芽をつける性質があります。花芽がつく（とうが立つ）と根に養分が十分に届かなくなり、品質が落ちます。そこで注意したいのが、にんじんを育てる場所。外灯や人家が菜園のそばにあり、夜でも光が当たる場所で育てると、とう立ちしやすくなります。夜はしっかりと暗くなる場所で栽培しましょう。

冷蔵保存　2〜3週間

葉を切り落として冷蔵

葉をつけておくと、根の栄養が葉にとられてしまいます。収穫したらすぐに葉を切り落としましょう。根は1本ずつペーパーに包んで保存袋へ入れ、野菜室で保存します。

葉がついているすぐ下のところで切る。葉は冷凍しておける。

1本ずつペーパーに包んで保存袋へ入れ、野菜室に立てて保存。

冷凍保存　1か月

いろいろな形で保存しておくと便利

色鮮やかで栄養価が高いにんじんは常備野菜の代表格。乱切り、細切り、いちょう切りで冷凍しておけば大活躍します。

乱切りで冷凍

ひと口大の乱切りにし、保存袋へ入れ、空気を抜いて冷凍。

利用法
●凍ったまま煮込んで、肉じゃが、カレー、シチューに。

細切りで冷凍

4〜5cmくらいの長さの細切りにして保存袋へ入れ、空気を抜いて冷凍。

利用法
●凍ったまま炒めて、肉野菜炒めやきんぴらに。
●凍ったままドレッシング、スイートチリソース、ポン酢をかけて自然解凍しながらマリネに。
●湯をかけて解凍し、のりあえ、おかかあえ、ごまあえ、白あえなど、あえものに。

いちょう切りにして冷凍

いちょう切りにし、保存袋へ入れ、空気を抜いて冷凍。

利用法
●凍ったままだし汁に入れて煮て、豚汁やみそ汁、けんちん汁に。

冷凍にんじんを使って

にんじんのきんぴら

材料（作りやすい分量）
冷凍にんじん（細切り）…1本分
ごま油…大さじ1　水…大さじ1
A ┌ 砂糖、しょうゆ…各大さじ1
　└ みりん…大さじ½
すりごま（白）…大さじ1

作り方
❶フライパンに冷凍にんじんを入れ、ごま油と水を回しかける。ふたをして強火にかけ、湯気が出たら中火にして4〜5分蒸し焼きにする。途中、にんじんを1〜2回ほぐす。
❷ふたをとり、Aを加えて汁けがなくなるまで炒め、すりごまを加える。

\ 葉も食べよう /
捨てずに冷凍しておく

　にんじんの葉はカルシウムやビタミンCなど栄養が豊富。冷凍すると葉がパラパラになります。炒めもの、汁ものなど料理に彩りを添えたいときに。

　洗って水けをふき、保存袋へ入れて冷凍。

おかずの素 | 冷蔵で3日

にんじんの蒸し炒め

火が通っているので、にんじんのおかずが手軽に作れます。青のりとしょうゆであえたり、卵に加えてオムレツにしたり。

材料（作りやすい分量）
にんじん…3本　サラダ油…大さじ½
水…大さじ1　塩…少々

作り方
❶にんじんは5cm長さに切り、1cm角の棒状に切る。
❷フライパンににんじんとサラダ油を入れてサッとあえる。水と塩をふりかけ、ふたをして強火にかける。湯気が出たら弱火にして5～7分蒸し焼きにする。
❸ふたを外して水けを飛ばし、火からおろす。粗熱がとれたら保存容器に入れる。

にんじんの蒸し炒めを使って

にんじんと油揚げの卵とじ丼

材料（4人分）
にんじんの蒸し炒め…1本分　油揚げ…2枚
A ┌ 水200cc
　└ みりん、しょうゆ…各大さじ3～4
削り節…1袋（5g）
卵…5～6個　ご飯…4杯分

作り方
❶油揚げは縦半分に切ってから、1cm幅に切る。
❷鍋にAと油揚げを入れて中火にかける。沸騰したらにんじんを加え、ふたをして3～4分煮る。
❸削り節を加え、卵を溶いてサッと回し入れ、ふたをして弱火にする。卵が好みのかたさになったら火からおろす。
❹茶碗にご飯をよそい、③をかける。

漬けもの | 3週間

にんじんのハニーピクルス

材料（作りやすい分量）
にんじん…2～3本
　　（500～600g）
レモン…1個
A ┌ 酢、水…各200cc
　│ はちみつ
　│　…大さじ3弱
　└ 塩…小さじ1

冷蔵で3週間

作り方
❶にんじんは5cm長さに切り、1cm角の棒状に切る。レモンは皮と薄皮をとって実だけとり出す。
❷①を混ぜあわせ、保存びんに入れる。
❸鍋にAを入れて中火にかけ、ひと煮立ちしたら火を止めて②に注ぐ。冷めたらふたをして3時間ほどおいてから冷蔵庫に入れる。

レモンは皮と薄皮をむいたら、房に沿って包丁を入れ、実をとり出す。

ピクルス液をひと煮立ちさせ、材料を入れた保存びんに注ぐ。

にんじんとさばのエスニックサラダ

サンドイッチに
してもおいしい！

材料（作りやすい分量）
にんじん…2本
さばの水煮缶…1缶（200g）
ピーナッツ…4〜5粒
塩…小さじ½
スイートチリソース…大さじ2〜3
レモン汁（好みで）…大さじ1

作り方
❶にんじんはせん切りにする。さばの水煮は汁けをきって粗くほぐす。ピーナッツは粗くきざむ。
❷ボウルににんじんを入れて塩をふり、軽くもんでしばらくおく。しんなりしたら水けを絞る。
❸さばと②をスイートチリソースであえる。器に盛り、ピーナッツをちらす。好みでレモン汁をかける。

やさしい
チーズ味

にんじんと牛乳の炊き込みご飯

材料（作りやすい分量）
にんじん…2本
米…4合
牛乳…400cc
コンソメスープの素（固形）…1個
粉チーズ…大さじ2〜3
粗びき黒こしょう…少々

作り方
❶にんじんはすりおろす。米は洗ってざるに上げ、水けをきる。
❷炊飯器に米と牛乳を入れ、4合の目盛りまで水（分量外）を足す。粗く砕いたコンソメスープの素とすりおろしたにんじんを汁ごと米の上にちらし、炊く。
❸炊き上がったら粉チーズと粗びき黒こしょうをふり、しゃもじで切るように混ぜあわせる。

 ツナ缶やウインナー（輪切り）、ホールコーンを加えて炊くと、ボリュームアップ！うまみも増します。

123

ミニごぼう

種まき　4月上旬〜6月中旬
収　穫　7月上旬〜10月下旬

常温　冷蔵　冷凍

収穫のコツ

若どりがやわらかくておいしい

　株元を少し掘って根の直径が2cmの大きさになっていたら収穫適期。最初に、茎を地際から10〜20cm残してハサミやカマなどでカット。地上部がすっきりすることで穴を掘る位置が明確になります。次は、地中に伸びた根を傷めないように、片側の土をスコップやクワで深めに掘ります。最後に、茎を握って斜め上方向に抜くと根が折れずに収穫できます。

まずは葉を刈りとると、次の作業がやりやすい。

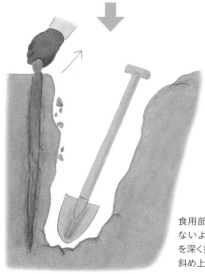

食用部分を傷つけないように、片側を深く掘ってから、斜め上に引き抜く。

初めによく耕して又根予防

　又根（根が分かれた状態）防止のため、畝づくりの際は70cmの深さまで掘って耕します。元肥が土の表面に出ていると、根が深く伸びようとしないので、土中にしっかりと混ぜこみます。

収穫が楽な「袋栽培」

　40ℓ程度の野菜用培養土を、袋ごと利用した「袋栽培」もおすすめ。袋に排水用の穴をあけた野菜培養土に直接、種をまき、収穫は袋を破るだけで簡単です（上の写真）。

乾燥ごぼうがおいしい！

　ささがきにしたごぼうを、天日干しか電子レンジで乾燥させます。電子レンジなら、クッキングシートに並べて600wで3分、裏返して2分ほど加熱。最後にフライパンで乾煎りすればできあがり。香ばしくておいしい、食物繊維たっぷりのお茶うけ、おつまみになります。湯のみや耐熱のコップに入れて、お湯を注いでむらせば「ごぼう茶」になります。

※クッキングシートはレンジ加熱するとき発火することがあります。目を離さないでください。

常温保存　1か月

新聞紙に包んで冷暗所保存で

乾燥しないよう、切らずに土がついたまま新聞紙に包み、冷暗所で保存します。

切らずに長いまま新聞紙に包む。切った場合は2〜3日で使い切る。

冷蔵保存　1週間

ラップに包んで野菜室へ

洗ったり切ったりしたら、ラップに包んで野菜室へ。洗わずに同様に保存すれば、2週間程度保存できます。

土を洗って水けをふき、ラップに包んで野菜室へ。

冷凍保存　1か月

使いきれないときは冷凍して

下処理をしてから冷凍すれば、すぐに使えて便利。ささがきや斜め薄切りのほか、細切りでも。

ささがきで冷凍

ささがきにし、水にさらしてアク抜きをしてから保存袋へ入れ、空気を抜いて冷凍。

利用法
- 塩を加えた湯でゆで、すりごまマヨサラダに。
- 凍ったまま炒めてきんぴらに。
- 凍ったままほかの具材といっしょに米の上にのせて炊き、五目炊き込みご飯に。

斜め薄切りで冷凍

斜め薄切りにし、水にさらしてアク抜きをしてから保存袋へ入れ、空気を抜いて冷凍。

利用法
- 凍ったままだし汁に入れて煮て、けんちん汁や豚汁に。
- 凍ったまま煮ものの具材に。
- 凍ったまま肉で巻いてフライに。

衣にたれがからんでご飯もお酒もすすむ！

消費レシピ

ごぼうのから揚げ

材料（作りやすい分量）

ごぼう…2本
にんにく、しょうが
　…各2かけ
A ┌ みりん、しょうゆ
　│　…各100cc
　└ 酒…大さじ2
片栗粉…適量
揚げ油…適量
こしょう…少々

作り方

❶ごぼうは皮を包丁の背でこそげて5cm長さに切り、縦半分に切る。にんにくとしょうがはすりおろす。

❷Aをよく混ぜあわせ、にんにく、しょうが、ごぼうを加えて混ぜて10分ほどおく。

❸②の汁けをきり（つけ汁は残しておく）、片栗粉をまぶす。揚げ油を170℃に熱し、カラッと揚げる。

❹揚げたてのごぼうに、残しておいたつけ汁をサッと回しかけ、こしょうをふる。

落花生

種まき　4月中旬〜5月中旬
収　穫　9月中旬〜10月中旬

`冷蔵`　`冷凍`

収穫のコツ

葉が黄色くなったら収穫適期

　葉が黄色くなるころ、最初に試し掘りをして、さやの表面に網目がきれいに出ているかをまず確認。網目が出てふっくらとして充実したさやがついていたら収穫可能です。茎を持ち、株ごと引き抜きます。

ゆで落花生は収穫後にさやを外す

　調理法によって収穫後の処理が異なります。とりたてをゆでて味わうときは、鮮度を保つため、掘り上げたらすぐにさやをハサミなどで切りとります。

炒り豆は収穫後に畑で天日干し

　炒り豆にするなら、引き抜いた株を土の上に逆さにして数時間おき、さやの周囲の土を乾かしてからさやをとります。さらに風通しのいい場所でさやを2〜3日乾燥。振ってみて中の豆がカラカラと鳴ったらOK。中の豆をとり出し、フライパンなどで炒ります。

炒り豆にするなら、
まず畑で乾燥させる。

雨が降ったら中耕する

　落花生は土の中にさやができるので、根やさやがのびのびと育つように、土をやわらかい状態に保つのがコツ。畝は最初によく耕し、雨が降って地面がかたくなったときには、畝の周囲を耕しましょう。

ミニ知識

さやを作る「子房柄」とは？

　落花生は「花が落ちたところにさやが生まれる」ことからその名がついています。落花生は受粉して1週間くらいすると、花のもとから「子房柄」という根のような細い枝が出てきます。これがぐんぐん伸びて土にささり、その先端にさやをつけるというユニークな育ち方をします。そのため、子房柄がささりやすいように畝の土をよく耕し、ふかふかの状態を保っておきましょう。

子房柄

プロの技!

収穫後にさやの完熟度をチェック

　収穫した際に、網目がくっきりした完熟さやと、網目の凸凹が浅い未熟なさやを仕分けすると、調理時に食味のバラつきが少なく失敗がありません。未熟なさやは保存がきかないので、先にゆでて食べるようにします。

冷蔵保存 ｜ 3日

すぐにゆでられないときは冷蔵

落花生を乾燥させない場合は、収穫後、すぐに調理するのがベストですが、作業ができないときは、洗って保存袋に入れて冷蔵を。なるべく早く調理しましょう。

ためた水できれいに洗い、水分をふきとってから保存袋へ。

冷凍保存 ｜ 1か月

ゆでて冷凍するのがおすすめ

生のまま冷凍すると、解凍や加熱したときにやや食感が悪くなるので、ゆでてから冷凍するのがおすすめです。ゆで方は消費レシピを参照ください。

空気を抜いてしっかり袋を閉じてから冷凍庫へ。

消費レシピ

ゆで落花生

材料（作りやすい分量）
生落花生（殻つき）…適量
塩…水の3％程度

作り方
❶落花生を鍋に入れ、落花生がかぶる程度まで量をはかりながら水（分量外）を加える。落花生は浮いてくるので、全体が浮いてくる感じでOK。水の量の3％量の塩を入れる。
❷火にかけて落としぶたをし、沸騰したら中火で40分程度ゆでる。
❸火を止めたあとは湯につけたまま冷ますと、落花生に塩味が入る。冷めたらざるにあける。

落花生ご飯

材料（作りやすい分量）
生落花生（殻つき）…400g
米…2合
塩…小さじ1と½

作り方
❶落花生をよく洗い、落花生のとがったほうに縦に力を入れ、割れ目から実をとり出す。
❷米をとぎ、ざるに上げて水けをきる。炊飯器に米を入れ、2合の目盛りまで水（分量外）を注いで30分浸水させる。塩を加えて軽く混ぜ、落花生を広げて炊飯する。

ピーナッツみそ

材料（作りやすい分量）
生落花生（殻をむいて）
　…200g
サラダ油…大さじ1
A ┌ 砂糖…60g
　├ みそ…70g
　└ はちみつ…大さじ2〜3
白ごま…大さじ1〜2

作り方
❶フライパンにサラダ油を熱し、生落花生を弱火で15〜18分、割ったときに中心まで火が通った状態になるまで、こげないように混ぜながら炒る。
❷フライパンのはしに落花生を寄せ、空いたスペースに混ぜたAを入れて落花生とあえる。火を止めて仕上げに白ごまをふる。

ブロッコリー

植えつけ　　8月中旬～9月下旬
収　　穫　　10月下旬～2月下旬

［ 常温 ］［ 冷蔵 ］［ 冷凍 ］

収穫のコツ

花蕾の大きさが15㎝で食べごろ

　株の先端にできる花蕾（頂花蕾）の直径が15㎝ほどに生育したら、茎を包丁で切って収穫します。とり遅れると食感が悪くなるので、花蕾がギュッとしまった状態のうちに収穫しましょう。

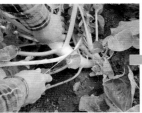

収穫は、茎を包丁でスパッと切る。

切りとったブロッコリーの茎の下のほうの葉は、切り落とす。

上のほうの葉は、半分ほど切り落とす。根元から落としてもいいが、つけておくと花蕾部分が守られる。

葉の整理完了。この姿で持ち帰るとよい。

長期収穫できる品種を選ぶとお得！

　花蕾（頂花蕾）収穫後、わき芽のつけ根から出る蕾を側花蕾といいます。苗を購入するとき「側花蕾兼用品種」を選ぶと、花蕾を収穫したあとも秋から冬までの側花蕾の収穫ができます。側花蕾兼用品種は、頂花蕾を収穫後、化成肥料を2株につき40～50g追肥して中耕すると、小さな側花蕾がどんどん出て、収穫が長く楽しめます。

甘くやわらかい茎や葉も食べよう

　茎もおいしいので頂花蕾を収穫するときは、茎の部分を10～12㎝と長めに切りとります。ただし、茎を切りとった分だけ側花蕾の発生が減るので、あまり長く切りとらないように注意。頂花蕾を収穫したあと、わき芽の下から伸びる若い葉っぱも食用可能。ゆでたり、炒めたりすると、甘い風味が楽しめます。

ミニ知識　わき芽を食べる「茎ブロッコリー」

　スティックセニョールなどの品種が人気の茎ブロッコリー。一般的なブロッコリーと違い、頂花蕾を早い段階で摘みとり、わき芽から出る側花蕾を収穫します。育て方はブロッコリーと同じですが、10月に頂花蕾が2～3㎝になったら摘心してわき芽をふやします。月1回ほど追肥（2株につき化成肥料40～50g）を行うと長期収穫が可能。茎を水平に切ると水がたまって傷むので斜めに切って収穫します。

プロの技！

側花蕾をたくさん収穫するには

　わき芽から出る側花蕾を多く収穫するなら9月上旬までに植えつけを。植えつけが遅れると頂花蕾の収穫（摘心）も遅れ、側花蕾の収穫期間が短くなります。摘心後は「お礼肥」（化成肥料を2株につき40～50g）を忘れずに。

常温保存　2〜3日

茎を水につけておく

器に水を入れ、ブロッコリーが立つように茎をまっすぐに切って立て、冷暗所におきます。1日1回は水をとり替えます。

ブロッコリーが立てば、平らな皿でもOK。

冷凍保存　1か月

生のまま冷凍すればおいしさそのまま

生のまま冷凍しておくと、色もそのままで保存できます。花蕾部分と茎を切り分けて、保存袋へ入れて冷凍庫へ。

小房に分けて冷凍

花蕾は小房に切り分けて、保存袋に入れ、空気を抜いて冷凍する。

利用法
●凍ったままゆでて、ホットサラダに。
●凍ったままベーコンと炒めてスパゲティに。
●凍ったまま煮込んでシチュー、カレー、鶏肉のトマト煮に。

茎の薄切りを冷凍

茎はかたい部分を除き、白い部分を薄切りにして保存袋に入れ、空気を抜いて冷凍する。

利用法
●凍ったまま、花蕾と同様に使って。

冷蔵保存　10〜14日

丸のまま保存袋へ入れて

保存袋へ入れ、野菜室へ。茎を下にして立てて保存します。

花が咲いてしまうので、なるべく早く使い切って。

消費レシピ

ブロッコリーのナムル

箸が止まらない別名「無限ブロッコリー」。ツナを入れても

材料（作りやすい分量）
ブロッコリー…2株
A┌いりごま（白）…大さじ1
　│しょうゆ、ごま油…各大さじ1
　└にんにくのすりおろし…少々

作り方
❶ブロッコリーは小房に分ける。
❷ボウルにAを入れてよく混ぜあわせる。
❸鍋に湯を沸かして塩を適量（分量外）加え、ブロッコリーを好みのかたさにゆでる。ざるに上げて水けをきり、②に入れてよくあえる。

\ 茎も食べよう /

茎は周囲を落として

ブロッコリーは茎も食べられます。枝のように出ている細い茎は切り落とし、太い茎はかたい部分を除いて薄切りや乱切りにし、花蕾と同様に使います。

茎の周りのかたい部分は除き、食べやすく切る。

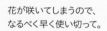
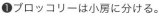

カリフラワー

植えつけ　8月中旬〜9月下旬
収　　穫　10月下旬〜12月中旬

常温　冷蔵　冷凍　漬けもの

収穫のコツ

花蕾が直径20cmになれば収穫

花蕾（からい）が直径20cm程度の大きさが食べごろ。外葉の茎に包丁を入れて切りとります。花蕾がみっちりつまって隙間が空かないうちに収穫しましょう。

葉を倒して根元を出し、包丁で切りとる。

残った葉は切り落とす。

下の葉は切り落とし、上のほうの葉は半分切る。

畑でここまで処理しておくとよい。

外葉で花蕾を保護する品種も

株のてっぺんにできる花蕾（頂花蕾）に太陽が当たると、日焼けして茶色や黄色に変色することがあります。白い花蕾を食べる品種（バロックなど）は、花蕾が小さいうちから外葉で覆い遮光することで真っ白な色が保てます。寒い時期は霜よけも兼ねます。

白さを守るために、葉を折って、ふたをするように被せる。

＼ ロマネスコの切り方 ／

ひと房ずつ切り分ける

珊瑚のような形状が特徴的なロマネスコ。甘みとほどよい歯ごたえが魅力です。ゆでると鮮やかな黄緑色になります。

ひと房ずつ包丁で外していく。

ゆでて、オリーブ油と塩、こしょうとあえるだけでおいしい！

常温保存　2〜3日

茎を水につけて

収穫後、茎を水につ
けておくと、新鮮さ
が保てます。

冷蔵保存　1週間

ペーパーに包んで野菜室へ

乾燥しないよう、全体をペーパーに包んで保存
袋に入れ、野菜室へ立てて入れます。小房に分
けてゆでたものを冷蔵保存しても。

冷凍保存　1か月

おいしさをキープできる冷凍がおすすめ

冬が旬のカリフラワー。凍ったまま煮てスープ
にすれば手軽に季節感がアップ。

小房に分けて冷凍

茎の間に包丁を入れて小房に分け、
保存袋に入れ、空気を抜いて冷凍。

利用法
●凍ったまま煮込んで、シチューやグ
ラタンに。
●凍ったまま加熱して、ホットサラダに。
●凍ったまま鮭と電子レンジ蒸しに。

漬けもの　冷蔵で2週間

カリフラワーとりんごの甘酢漬け

材料（作りやすい分量）
カリフラワー…1株（300g）
りんご…1個
A ┌ 酢…300cc
　│ 砂糖…大さじ8
　└ 塩…小さじ2　水…2カップ

作り方
❶カリフラワーは小房に分け、かため
にゆでる。りんごはひと口大に切る。
❷保存容器にカリフラワーとりんごを
入れる。
❸鍋にAを入れて中火にかけ、煮立っ
たら②に注ぎ、2時間以上おく。

カリフラワー入り
カレー炊き込みご飯

消費レシピ

材料（作りやすい分量）
カリフラワー…1株
米…2合
ツナ缶…1缶（大140g）
塩…小さじ½
カレー粉…小さじ1
コンソメスープの素（固形）…½個

❶カリフラワーの茎に10か所以
上フォークを刺して穴をあける。
❷米は洗ってざるに上げ、水けを
きる。
❸炊飯器に米を入れ、2合の目盛
りまで水（分量外）を注ぎ、塩と
砕いたコンソメスープの素を加え
て混ぜる。
❹ツナを缶汁ごと加え、カレー粉
をふり、カリフラワーを丸ごとの
せて炊く。
❺炊き上がったらカリフラワーを
くずし、混ぜあわせる。

炊き上がりはこのような状態。

キャベツ

植えつけ　　3月中旬〜4月中旬、8月中旬〜9月中旬
収　　穫　　6月上旬〜7月上旬、10月中旬〜12月上旬

冷蔵 ・ 冷凍 ・ おかずの素

収穫のコツ

球の頭を触って収穫適期を確認

　結球したキャベツの頭を押して、かたく締まっていたら収穫のタイミング。結球部分の株元に包丁の刃を入れて切りとります。球が割れたり（裂球）、花芽がついてとう立ちしていたらとり遅れのしるしです。タイミングを逃さないようにしましょう。

根元に包丁を入れて切りとる。

収穫後の根を簡単に引き抜く方法

　収穫後の根や葉をそのままにしておくと、なかなか枯れません。収穫したあとは、残った外葉を全て切り落として撤去し、残った茎の切り口に包丁で十文字に切り目を入れておきます。茎の生長点が破壊され、約1か月後には水分が抜け、ラクに引き抜けるようになります。

収穫後、葉は切りとり、茎には切り込みを入れる。

> **ミニ知識**
>
> **1株に複数球がつく分球**
>
> 　1株に何個か球ができることを分球といいます。苗のときの栄養状況がよくなかったり、芽の部分を虫に食べられたりしたことが原因で起こります。球がまだ小さいうちに見つけたら、間引いてひとつにするか、大きくなる前に全て収穫してしまうようにします。

冷蔵保存　　1〜2週間

水分を補い、乾燥を防いで保存

新聞紙で包んで霧吹きで水をかけて保存袋に入れ、乾燥を防ぎながら冷蔵します。さらに生長点の芯をくり抜くと、葉の栄養が奪われず、鮮度が保てます。くり抜いたらぬらしたペーパーを詰めて乾燥を防ぎます。

丸のまま新聞紙で包み、霧吹きで水を吹きかけて湿らせ、保存袋に入れて野菜室へ。

芯の周りに包丁を入れてくり抜く。

ペーパーをぬらして丸め、芯に詰める。保存袋に入れて野菜室へ。

冷凍保存 〔3〜4週間〕

使いやすい大きさにカットして生のまま冷凍

キャベツは常備しておきたい野菜のひとつ。冷凍庫に入っていると安心です。すぐ使えるように切って冷凍しておきましょう。

ざく切りで冷凍

2〜3cm角くらいの大きさに切り、ほぐしてから袋に入れ、空気を抜いて冷凍。

[利用法]
● 凍ったまま煮て、みそ汁やスープに。
● 凍ったまま炒めて、野菜炒めや焼きそばに。

1枚ずつ冷凍

外側からはがし、保存袋に入る大きさに切って入れ、空気を抜いて冷凍。

[利用法]
● 凍ったまま袋の上からもんで細かく砕き、肉に混ぜて餃子や春巻きの具に。
● 凍ったまま折って煮て、スープや炒めものなどに。

[冷凍キャベツを使って]

キャベツたっぷりコンソメスープ

材料（2人分）
冷凍キャベツ（ざく切り）…3〜4枚分
水…2カップ
コンソメスープの素（固形）…1個
好みのゆで豆（市販）…50g
しょうゆ…小さじ½
塩、粗びき黒こしょう…各少々
温泉卵…2個

作り方
❶鍋に水とコンソメスープの素を入れて強火にかける。沸騰したら冷凍キャベツとゆで豆を加えてふたをする。再び沸騰したら中火にして、2〜3分煮込む。
❷しょうゆ、塩、粗びき黒こしょうで味をととのえる。器に注ぎ、温泉卵を割り入れる。

[冷凍キャベツを使って]

揚げ春巻き

材料（2人分）
冷凍キャベツ（1枚ずつ）…2〜3枚
豚ひき肉…100g　しょうゆ、ごま油…各大さじ1
揚げ春巻きの皮…4枚　揚げ油…適量

作り方
❶冷凍キャベツは凍ったまま袋の上からもんで、細かくする。
❷ボウルに①と豚ひき肉、しょうゆとごま油を入れて粘りが出るまでよく混ぜあわせ、4等分にする。
❸春巻きの皮に②をのせて包み、水溶き小麦粉（分量外）をぬって閉じる。
❹揚げ油を中温（170℃）に温め、③をカリッと揚げる。

ゆでキャベツ

ゆでただけのシンプルなキャベツは、サッと炒める、煮る、
そのままあえものにするなど、幅広く使い回せます。

材料（作りやすい分量）
キャベツ（小）…½個
塩…大さじ1

作り方
❶キャベツは芯を除き、ひと口大に切ってバラバラにほぐす。
❷鍋に湯を沸かし、塩とキャベツを入れてサッとゆでて、ざるに
上げる。
❸粗熱がとれたら水けを絞り、保存容器に入れて冷蔵庫に入れる。

ゆでキャベツを使って

キャベツとベーコンのサンドイッチ

材料（1人分）
ゆでキャベツ…1枚分
ベーコン…2枚
A［マヨネーズ…大さじ1
　塩、こしょう…各少々
サラダ油…小さじ1
食パン…2枚
作り方
❶ゆでキャベツは電子レンジ（600W）で10
〜20秒加熱し、軽く水けを絞りAであえる。
❷フライパンにサラダ油を熱し、ベーコン
を焼く。
❸食パンを軽くトーストし、キャベツとベー
コンをのせてサンドイッチにする。

キャベツのしらすあえ

ゆでキャベツを使って

材料（作りやすい分量）
ゆでキャベツ…3枚分
しらす…大さじ1〜2
塩…少々
ごま油…小さじ½
作り方
❶ゆでキャベツは電子レンジ（600W）で
10〜20秒加熱して温め、軽く水けを絞る。
❷ボウルにキャベツをほぐして入れ、しら
すと塩、ごま油であえる。

ウインナー ロールキャベツ

材料（15〜20個分）
キャベツ…1個
ウインナー…15〜20本
コンソメスープの素（固形）…2個
ローリエ（あれば）…1枚
しょうゆ…大さじ1　塩、こしょう…各少々

作り方
❶キャベツは芯の部分を深めにくり抜く。
❷キャベツが丸ごと入る深鍋に湯を沸かし、沸騰したら芯を上にしてキャベツを入れる。色が変わってきたら1枚ずつはがし、ざるに広げて冷ます（ゆで汁はとっておく）。葉の太い芯の部分はそぎとる。
❸大きい葉1枚と小さい葉2〜3枚を組み合わせて15〜20セット作る。
❹大きい葉を広げ、その上に小さい葉を手前におく。小さい葉にウインナーをのせ、しっかりと包み、巻き終わりを爪楊枝で止める。残りも同様に作る。
❺別鍋に④の巻き終わりを下にして並べ入れる。コンソメスープの素と、あれば半分に切ったローリエを加え、キャベツのゆで汁をかぶるくらいまで注ぎ、落としぶたをしてふたをする。
❻強火にかけ、沸騰したら弱火にして15〜20分煮込み、しょうゆと塩、こしょうで味をととのえる。
❼爪楊枝を抜いて汁ごと器に盛る。

鍋に敷き詰めるようにロールキャベツを並べ入れ、葉のゆで汁を加える。

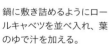 汁けをきってグラタン皿に並べ、チーズをかけてオーブントースターで焼く「焼きロールキャベツ」もおすすめです。

キャベツの 巣ごもり

材料（作りやすい分量）
キャベツ…½個
ベーコン…3〜4枚
卵…3〜4個
スライスチーズ
　…2〜3枚
サラダ油…大さじ1
塩、こしょう…各少々
しょうゆ（好みで）
　…少々

 溶けたチーズと半熟卵で、キャベツ½個をぺろりと食べられます。

作り方
❶キャベツはせん切りにし、ベーコンは細切りにする。
❷フライパンにサラダ油を熱し、ベーコンを炒める。ベーコンの脂が出てきたらキャベツを加えてサッと混ぜる。塩少々をふりかけたらふたをして蒸し焼きにする。
❸キャベツがしんなりしてかさが減ったら、上下を返し、くぼみを作って、卵を割り入れる。卵に塩・こしょうをふってふたをし、再び蒸し焼きにする。
❹卵に火が通ったらスライスチーズをのせ、溶けるまでふたをして加熱する。好みで仕上げにしょうゆを回しかける。

芽キャベツ

植えつけ　　8月中旬〜9月下旬
収　　穫　　11月上旬〜2月中旬

`冷蔵` `冷凍` `漬けもの`

収穫のコツ

2.5〜3cmの大きさが食べごろ

植えつけから約3か月後、芽キャベツの球が2.5〜3cmになったら収穫適期。指で球をつまんで、左右にねじるように回してとります。

ミニ知識

わき芽が結球してできる芽キャベツ

明治時代に伝わった芽キャベツはベルギー原産。キャベツの野生種を品種改良し、カリフラワーやブロッコリーも同じ品種から誕生しました。小さな球は、葉のつけ根のわき芽が結球したもので、1本の茎に50個以上の実がつくことで「子持ちキャベツ」とも呼ばれ、子孫繁栄の象徴としてお祝いごとにも使われるそう。ミニサイズですがキャベツの3倍以上のビタミンCが含まれるなど栄養も豊富です。

芽が出たら下葉を落とす

芽キャベツの収穫量を上げるために、球がつきはじめたら、余分な葉を落とす「下葉かき」を行います。上の葉は15枚ほど残し、下の葉をハサミで切りとり、茎の下部の小さい球も間引きます。芽が生長するスペースが確保でき、蒸れの防止にもなります。

下葉かき。上の葉を残して下の葉を切り落とす。

月に1回程度の追肥を

栽培期間が長いので、下葉かき後に2回目の追肥（1㎡あたり化成肥料50gを通路にまく）した以降も月1回程度、同様に追肥を行います。1回目の追肥は、有機肥料（植えつけから2週間後に2株につき40〜50g）がおすすめ。

冷蔵保存 1週間

芯に切り込みを入れておく

生長を抑えるために生長点のある芯に十字の切り込みを入れます。湿らせたペーパーで包み、保存袋に入れて野菜室で保存します。

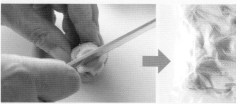

芯に十字の切り込みを入れると鮮度を保てる。

湿らせたペーパーに包んで乾燥を防ぐ。

冷凍保存 1か月

かためにゆでてから冷凍

コロンとした見た目がかわいらしく、色をプラスしてくれるので、冷凍しておけばちょっと使いたいときにも便利です。

ゆでて冷凍

熱湯に入れてかためにゆで、冷めたら半分に切って保存袋に並べ入れ、空気を抜いて冷凍します。

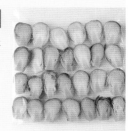

利用法
● 凍ったまま煮て、シチューなどに。
● 自然解凍してサラダやあえものに。

漬けもの 冷蔵で3〜4日

芽キャベツのピリ辛しょうゆ漬け

材料（作りやすい分量）
芽キャベツ…20個
A[
　水…400cc
　和風だし（顆粒）…小さじ½
　赤とうがらし…1本
　塩…小さじ1
　しょうゆ…大さじ1
]

作り方
❶芽キャベツは根元を薄く切り落とし、少し深めに十字の切り込みを入れる。赤とうがらしは半分に切って種をとる。
❷鍋にAを入れて火にかけ、沸騰したら火を止めて粗熱をとる。
❸別鍋に湯を沸かし、塩小さじ1（分量外）を入れ、芽キャベツを1分30秒ゆでる。冷水にとってざるに上げ、ペーパーでふく。
❹保存袋に②と芽キャベツを入れ、空気を抜いて口を閉じ、冷蔵庫に入れてひと晩漬け込む。

消費レシピ

芽キャベツのミモザサラダ

材料（作りやすい分量）
芽キャベツ…30個
オリーブ油…大さじ1
塩、こしょう…各少々
A[
　マヨネーズ…大さじ4
　酢…小さじ1
]
ゆで卵…1〜2個

作り方
❶芽キャベツは半分に切る。
❷フライパンに①を断面を下にして並べ、オリーブ油を回しかける。中火で焼き、焼き目がついたらひっくり返して塩、こしょうをふり、ふたをして弱火で2〜3分蒸し焼きにする。
❸②をAであえて器に盛る。
❹ゆで卵は縦半分に切って白身と黄身に分ける。それぞれをざるでこし、③にたっぷりかける。

長ねぎ

植えつけ　　6月上旬〜7月下旬
収　　穫　　10月下旬〜2月下旬

（常温）（冷蔵）（冷凍）（加工品）
（おかずの素）

収穫のコツ

白い部分が十分に伸びたら収穫

　最後の土寄せから約1か月後が収穫適期。白い部分（葉鞘<small>ようしょう</small>）が十分に伸びていたら食べごろです。そのまま抜くのではなく、土をくずしてから引き抜いたほうが、途中で折れずに収穫できます。ねぎは植えたままおいておけるので、一度にとる必要はありません。使う分だけ収穫を。

2月中には収穫を終える

　春先に「ねぎ坊主」と呼ばれる蕾<small>つぼみ</small>がつくと（右の写真）、全体がかたくなるので、2月中に収穫を終えるようにします。もしねぎ坊主ができたら花が開く前に収穫を。蕾部分は天ぷらやおひたしなどで味わえます。

地上部の根元を持って、ぐっと真上に引き抜く。枯れた葉をとり除き、土は落とさず、新聞紙に包んで持ち帰る。

ミニ知識

長ねぎの仲間たち

　500以上あるねぎの品種は、白ねぎの「加賀群」と「千住群」、青ねぎの「九条群」の3つに大きく分かれます。耐寒性が強い加賀群は、北海道や東北、北陸など寒い地域での栽培が多く、白い部分が太いのが特徴。千住群は白根が長い“根深ねぎ”の代表品種で、明治初年には金町村（現東京葛飾区）の特産品でした。京都発祥の九条群は低温と高温に強く1年を通して栽培可能。辛みが少なくやわらかな品種です。

プロの技！

長ねぎの太さは
追肥、土寄せと、株間で変わる

　株間が広いと太いねぎ、狭いと細いねぎになる習性があります。白い部分の太さが2cm程度のねぎを作る場合、一般的な株間は5〜6cm。これより太いねぎを育てたいときは、8cmの株間をとります。

常温保存　　1か月

土がついた状態で保存

土をつけたままにしておけば、常温でも長く保存できます。新聞紙で包み、段ボール箱に入れて冷暗所で保存。

新聞紙で包んで冷暗所へ。

冷蔵保存　　1週間

冷蔵するときはラップに包んで

冷蔵庫にそのまま入れておくと、外側からひからびてしまいます。野菜室に入るように半分に切り、乾燥を防ぐため、ラップに包んで保存を。

半分に切り、ラップに包んで野菜室で保存。

冷凍保存　　1か月

いろいろな形に切って冷凍するのが便利

すぐに解凍するので、そのまま使えます。細かく切ったものは薬味や汁の実に、大きめに切ったものは炒めものや鍋ものなどに。

小口切りで冷凍

1〜2mmの小口切りにして保存袋に入れ、空気を抜いて冷凍する。

（利用法）
●凍ったまま加えて煮て、みそ汁やラーメン、うどんなどめん類の具に。

みじん切りで冷凍

みじん切りにし、保存袋に入れ、空気を抜いて冷凍する。

（利用法）
●凍ったまま加えて、チャーハンや卵焼き、肉団子、餃子に。
●そうめんなどめん類の薬味に。

斜め切りで冷凍

1cm幅の斜め切りにし、保存袋に入れて冷凍する。

（利用法）
●凍ったまま炒め、豚キムチ、焼きそばなどの炒めものに。
●凍ったまま煮て、肉豆腐やすき煮などの煮もの、卵とじに。

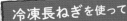
冷凍長ねぎを使って

たっぷりねぎ入りあんかけ豆腐

材料（1人分）
冷凍ねぎ（小口切り）
　…1/3本分
木綿豆腐…150g
ごま油…大さじ1/2

A ┌ めんつゆ（3倍希釈）
　│　…大さじ2〜3
　└ 水…50cc
B ┌ 片栗粉…小さじ1
　└ 水…大さじ1

作り方
❶小鍋にごま油を熱し、凍ったままの長ねぎを加えて炒める。しんなりしたらAを加える。
❷煮立ったらよく混ぜたBを加えて、とろみをつける。
❸食べやすく切った豆腐を耐熱皿に入れ、ラップをせずに電子レンジ（600W）で2分加熱して温める。
❹豆腐の水けをきり、器に盛る。熱々の❷をかける。

ねぎみそ 冷蔵で5日間

ピリ辛味とごま油の
香りが食欲をそそります。
豆腐や野菜のつけみそとしても、
ご飯にのせてもよい万能調味料です。

材料（作りやすい分量）
長ねぎ…2本　　赤とうがらし…1本
ごま油…大さじ1
かつお節…1袋（5g）

A
みそ…100g
砂糖、しょうゆ…各小さじ1
みりん、酒…各大さじ2

作り方
❶長ねぎは青い部分も含めてみじん切りにする。赤と
うがらしは種を除き、ハサミで小口切りにする。
❷フライパンにごま油を熱し、①を炒める。長ねぎが
しんなりしたらAを加えてよく混ぜあわせる。混ぜな
がら煮詰めて、かつお節を加える。汁けがなくなった
ら火からおろす。

ねぎオイル 冷蔵で2週間

長ねぎとしょうがの風味が油に移って、
中華風の炒め油に使えば香りよく仕上がります。
酢と塩、またはしょうゆを混ぜてドレッシングに、
カルパッチョのソースとしてそのままかけても。

材料（作りやすい分量）
長ねぎ…1本　　しょうが…3かけ
サラダ油…100〜200cc

作り方
❶長ねぎとしょうがはみじん切りにする。
❷保存容器に①を入れ、サラダ油をひたひたに注ぐ。
ひと晩以上おいて香りを移す。

ねぎみそは、お
かゆやおにぎり
にぴったり！

焼いた厚揚げや
油揚げ、冷ややっ
こにのせて。

見えない

秋冬野菜　長ねぎ

おかずの素 冷蔵で1週間

ねぎだれ

長ねぎのみじん切りを甘酢っぱいたれに
漬け込むだけの簡単うまみだれ。
ゆでた肉や野菜によく合います。
から揚げに添えて味変を楽しんでも。

材料（作りやすい分量）
長ねぎ…1本
酢、しょうゆ…各100cc
砂糖…大さじ3
ごま油…大さじ2〜3
作り方
❶長ねぎは白い部分をみじん切りにする。
❷全ての材料を混ぜあわせ、保存容器に入れる。

ねぎだれを使って

ゆで鶏のねぎだれがけ

材料（作りやすい分量）
鶏むね肉…1枚　しょうが…1かけ
塩…小さじ1　レタス…1〜2枚　ねぎだれ…適量
作り方
❶しょうがは薄切りにする。
❷ペーパーで鶏肉の水けをふきとり、塩を全体にすり込んで10分おく。
❸鍋に鶏肉がひたるくらいの水と、しょうがを入れて火にかける。沸騰したら鶏肉を入れ、再沸騰したら1分ゆでて火を止め、ふたをしてそのまま冷ます。
❹鶏肉は食べやすい厚さのそぎ切りにする。ひと口大にちぎったレタスを皿に敷き、鶏肉を盛り、ねぎだれをかける。

※ゆでた鶏むね肉は、ゆで汁ごと保存容器に入れ、冷蔵庫で3〜4日間保存可能。

消費レシピ

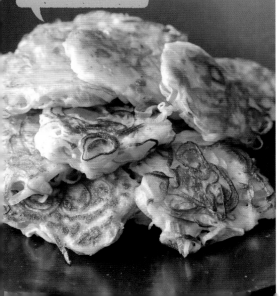

ねぎ焼き

材料（作りやすい分量）
長ねぎ…2本　卵…1個
A ┌ 水…100cc
　│ 和風顆粒だし…少々
　│ 小麦粉…大さじ6
　└ 塩…少々
サラダ油…大さじ1〜2
しょうゆ…適量

作り方
❶長ねぎは青い部分も含めて小口切りにする。
❷ボウルに卵を溶きほぐし、①とAを加えてよく混ぜあわせる。
❸フライパンにサラダ油を熱し、②をひと口大の丸型に流す。両面に焼き色がついたら、片面にスプーンでしょうゆをぬり、ひっくり返して焼き目がついたらとり出す。

すりごまやしらす、桜えびを加えると風味がアップするのでおすすめ!

しょうが

植えつけ　4月上旬〜5月中旬
収　　穫　6月上旬〜10月下旬

（常温）（冷凍）（漬けもの）（加工品）

収穫のコツ

しょうがの種類は3種類

　品種により大しょうが、中しょうが、小しょうががあり、使う用途に合わせて作ります。

　大しょうがは、一般的にしょうがとして流通しているもの。食用部分を「根しょうが」と呼びます。小しょうがは、その名の通りサイズが小さめで、葉とともに収穫する「葉しょうが」に向いています。中しょうがは、大しょうがより小ぶりですが、用途は大しょうがと同じです。

初夏の葉しょうががおいしい小しょうが

　葉しょうがとは、初夏に出回る「谷中しょうが」のことで、根が小さく、やわらかい時期に、4〜5本出た茎を収穫します。

　また小しょうがの中には、茎を味わう「筆しょうが」用の品種もあります。筆しょうがは植えつけから約2か月後、新芽に葉がついたら根元をハサミでカットして収穫します。焼き魚などにつく「はじかみ」はこの酢漬けのことです。

秋に収穫する根しょうが

　根しょうがは、秋に葉が黄色っぽくなったころに収穫します。茎を束ねて株ごと引き抜き、すぐに葉を落とします。収穫したばかりの水分の多いしょうがを「新しょうが」といい、辛みが少ないので甘酢漬けのガリなどに利用します。さらに最初に植えつけた種しょうがも「ひねしょうが」として食べられます。10℃以下の寒さに当たると根や茎が腐るので、寒くなる前に収穫します。

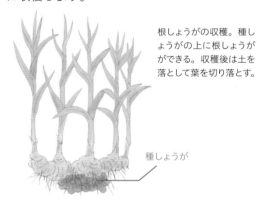

根しょうがの収穫。種しょうがの上に根しょうががができる。収穫後は土を落として葉を切り落とす。

種しょうが

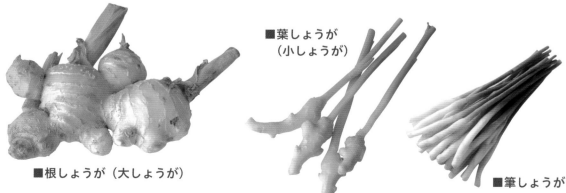

■根しょうが（大しょうが）

■葉しょうが
（小しょうが）

■筆しょうが

常温保存 `2週間`

紙袋に入れ、乾燥しないように保存

茎を切り、水洗いをして土を落として水けを
ふきます。丸ごと紙袋に入れるか新聞紙で包
んで、冷暗所で保存します。

土を洗い、紙袋
に入れるか新聞
紙で包んで冷暗
所で保存する。

冷凍保存 `1〜2か月`

丸ごと、みじん切り、すりおろしで冷凍

一度にたくさん使うものではないので、冷凍し
ておくと便利です。冷凍したまますりおろすこ
とも可能。いろいろな切り方で保存しておきま
しょう。

丸ごと冷凍

皮つきのままラップに
包んで冷凍する。

(利用法)
●凍ったまますりおろ
して薬味や、しょうが
焼きなどに。

みじん切りで冷凍

皮をむいてみじん切り
にし、保存袋に入れ、
空気を抜いて冷凍す
る。

(利用法)
●凍ったまま炒めもの
に。

すりおろしで冷凍

皮をむいてすりおろ
し、保存袋に入れ、平
らに伸ばして、空気を
抜いて冷凍する。

(利用法)
●凍ったまま、使う分
だけ折る。

冷凍しょうがを使って

ホットジンジャーレモネード

材料（1人分）
冷凍しょうが（すりおろし）…スプーン1杯分
レモン果汁…½個分
はちみつ…適量
湯…コップ1杯分
レモンの薄切り（好みで）…1枚
作り方
❶コップに凍ったままのしょうがとレモン果汁、
はちみつを入れて湯を注ぎ、よくかき混ぜる。好
みでレモンの薄切りを入れる。

漬けもの `2週間〜1年`

しょうがのはちみつ漬け

`冷蔵で3週間`

材料（作りやすい分量）
しょうが…100g　はちみつ…100〜150g

作り方
❶しょうがは皮を薄くむき、繊維にそって薄切りにし、水に5分さらす。
❷水けをきって鍋に入れ、かぶるくらいまで水を注ぎ、強火にかける。沸騰したら中火にして2分ゆで、ざるに上げてたっぷりの水に入れて冷ます。辛みを減らしたい場合は、これをもう一度繰り返す。
❸②を軽く絞り、保存容器に入れて上からはちみつをかぶるくらいまで注ぐ。10分ほどおいて、しょうがが表面に出てきたらはちみつを追加する。
❹表面にラップをして空気を遮断し、冷蔵庫に入れる。

少したつとしょうがが出てくるので、平らに整えてはちみつをさらにかぶるまで注ぐ。

牛乳や炭酸で割って飲むのがおすすめ

しょうがのみそ漬け

`冷蔵で2週間`

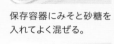

保存容器にみそと砂糖を入れてよく混ぜる。

皮つきのしょうがを入れ、まんべんなくみそをまぶす。

材料（作りやすい分量）
しょうが…200g
A ┌ みそ…200g
　└ 砂糖…30g

作り方
❶しょうがは皮つきのままよく洗い、水けをふく。大きいものは適当な大きさに切る。
❷保存容器にAを入れてよく混ぜあわせ、しょうがを入れて1週間ほど漬け込む。

しょうがの甘酢漬け

`冷蔵で1年`

材料（作りやすい分量）
新しょうが…500g　塩…小さじ½
A ┌ 酢…400cc
　└ 砂糖…1カップ

作り方
❶新しょうがは繊維に沿って薄切りにする。
❷ホーロー鍋にAを入れて火にかける。煮立ったら火を止め、そのまま冷ます。
❸別鍋に湯を沸かし、①をサッとゆでたら平らなざるに広げ、塩を全体にふって混ぜる。そのまま粗熱をとる。
❹軽く水けを絞り、清潔な保存容器に入れ、②をかぶるぐらいまで注いで1時間以上漬け込む。

加工品　冷蔵で1〜2週間

冷蔵で2週間

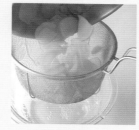
しょうがを熱湯でサッとゆで、ざるに上げる。

材料（作りやすい分量）
しょうが…200g
昆布…5cm角
A［
しょうゆ…大さじ4
砂糖…大さじ5
みりん…大さじ1
］

作り方
❶しょうがは皮つきのままよく洗い、水けをふいて薄切りにする。昆布はハサミで細切りにする。
❷鍋に湯を沸かし、沸騰したらしょうがを入れてサッとゆで、ざるに上げて水けをきる。
❸別鍋に②と昆布、Aを入れて中火にかける。沸騰したら弱火にして汁けがなくなるまで煮詰める。冷めたら保存容器に入れ、冷蔵庫で保存する。

煮汁がなくなるまで、煮詰める。

きざんでご飯に混ぜ、焼きおにぎりにしてもおいしいです。

しょうがの佃煮

甘辛さのなかにピリッとした刺激がきいて、ご飯のおともにぴったり。簡単にできる便利な常備菜です。

ジンジャーシロップ　冷蔵で1週間

炭酸水で割ってジンジャーエールに。ピリッとした辛さは自家製ならではの味わいです。
紅茶や白湯に加えたり、牛乳で割るのもおすすめです。

材料（作りやすい分量）
しょうが…400g
A［
砂糖…300g
水…400cc
シナモンスティック…1本
］
B［
はちみつ、レモン汁…各大さじ2
］

作り方
❶しょうがは皮つきのままよく洗い、水けをふいて薄切りにする。
❷鍋に①とAを入れて中火にかける。沸騰したら弱火にして10分煮る。
❸火を止めてBを加えて混ぜ、そのまま冷ます。

ジンジャーシロップを炭酸水で割ればジンジャーエールに。

さつまいも

植えつけ　　5月中旬〜6月下旬
収　穫　　　10月上旬〜11月中旬

常温　　冷凍

収穫のコツ

葉が黄色くなってきた晴天の日に

　伸びたつるの葉が黄色くなってきたら収穫可能。晴れた日を選んで、いもが十分に生長しているかどうか、試し掘りをして確認したあとに収穫します。最初に株元を10cmくらい残してつるを切り、残ったつるが途中で切れないようにゆっくり引き抜きます。

掘ったいもは乾燥させる

　掘り起こしたいもは、土の上で1時間ほど天日干しして乾燥させましょう。湿気をとること

で日持ちがよくなります。
　また、収穫したあと、畑につるが残っていると根づいてしまうことがあるので、とり残しのないようにきれいにします。

追熟するとさらにおいしさアップ

　収穫したあと、風通しのいい場所に2週間ほど保存すると、さつまいもに含まれるでんぷんが糖に変わり、甘くなります。さらに2〜3か月おくと糖度がもっと増します。長期保存するときは段ボール箱などに入れて毛布にくるみ、10℃以下にしないようにします。

苗の植えつけは曇りの日に

　さつまいもの苗は、強い日差しや乾燥した土に植えると、しおれて枯れる場合も。植えつけは曇りの日か午後3時以降に行いましょう。30℃程度の角度で畝に差し込む「斜め植え」にすると大きすぎず、小さすぎない、調理に使いやすいサイズのいもが収穫できます。

常温保存　　4〜5か月

土がついたまま新聞紙で包む

水分があると腐りやすいので、水で洗ったり、湿気がある場所は厳禁。収穫後は土を払い落としてから新聞紙で包み、段ボール箱やかごなどに入れて冷暗所で保存します。適温は15℃。

冷凍保存 　1か月

皮ごと使いやすく切って冷凍

皮にも栄養があるので、皮つきのまま切って冷凍します。軽く水にさらしてアクを抜き、水けをふいてから保存しましょう。

半月切りで冷凍

皮つきのまま1cm厚さの半月切りにし、水にさらす。保存袋に入れ、空気を抜いて冷凍する。

利用法
●凍ったまま煮込んで、レモン煮や紅茶煮、バターしょうゆ煮に。
●凍ったままだし汁に入れて煮て、みそ汁に。

角切りで冷凍

皮つきのまま1cm角に切って水にさらし、水けをふいて保存袋に入れ、空気を抜いて冷凍する。

利用法
●凍ったまま加えて炊き込みご飯の具に。
●ゆでてサラダに。

冷凍さつまいもを使って

さつまいもの紅茶煮

材料（作りやすい分量）
冷凍さつまいも（半月切り）
　…½本分
紅茶のティーバッグ…1個
水…300cc
砂糖…大さじ3〜4

作り方
❶鍋に水、ティーバッグ、砂糖を入れて強火にかける。沸騰したら冷凍さつまいもを加える。再び沸騰したら中火にし、ふたを少しずらして煮込む。
❷紅茶の色が出たら、ティーバッグをとり出す。
❸さつまいもに火が通ったら火を止めて冷ます。

こっくりさわやか。
明太子があとをひく!

冷凍さつまいもを使って

さつまいもの
水きりヨーグルトサラダ

材料（1人分）
冷凍さつまいも（角切り）
　…½本分
プレーンヨーグルト
　…180g
辛子明太子…1腹
塩、しょうゆ…各少々
オリーブ油…大さじ½

作り方
❶ざるをボウルに重ね、ペーパーをしいてヨーグルトを入れる。ラップをぴったりとかけ、冷蔵庫にひと晩おいて水きりをする。
❷鍋に湯を沸かし、冷凍さつまいもを入れてゆでる。ゆで上がったらざるに上げて水けをきる。
❸明太子はスプーンで身をとり出す。
❹ボウルに①と③、塩、しょうゆ、オリーブ油を加えてよく混ぜあわせる。
❺④に②を加えてあえる。

さつまいもの南蛮漬け

材料（作りやすい分量）
さつまいも…2本
長ねぎ…½本

A
┌ しょうゆ…大さじ4
│ 砂糖…大さじ1
│ 酢…大さじ2
│ にんにくのすりおろし…少々
└ とうがらしの小口切り…1本分

サラダ油…適量

作り方
❶さつまいもはよく洗い、皮つきのままひと口大の乱切りにする。水にさらしてアクを抜く。
❷長ねぎは粗みじんに切る。ボウルに長ねぎとAを加えて混ぜあわせる。
❸①をざるに上げて水けをきり、ペーパーで水けをふきとる。フライパンに入れ、サラダ油をひたひたになるまで注ぐ。中火にかけ、8〜10分かけてカラッと揚げる。
❹さつまいもが熱々のうちに②に入れて漬け込む。

さつまいもとじゃこの炊き込みご飯

材料（作りやすい分量）
さつまいも…2本
ちりめんじゃこ…20g
米…4合　塩…小さじ¼

作り方
❶さつまいもは皮をむいて1cm角に切り、水にさらしてアクを抜く。
❷米は洗って炊飯器に入れ、目盛り通りに水を注ぐ。塩を加えて混ぜ、水けをきったさつまいもとちりめんじゃこを広げて炊く。

ちりめんじゃこの塩けとさつまいもの甘みがよい塩梅に。塩の代わりにしょうゆ小さじ½にしても風味が変わっておいしいですよ。

さつまいもと鶏肉の
コチュジャン炒め

材料（作りやすい分量）
さつまいも…1本　鶏もも肉…2枚
玉ねぎ…½個　塩、こしょう…各少々
ごま油…大さじ2
酒…50cc

A
┌ コチュジャン…大さじ3
│ しょうゆ…大さじ1
│ 砂糖…大さじ½
│ 水…大さじ2
└ にんにくのすりおろし…1片分

作り方
❶鶏肉はひと口大に切り、塩、こしょうで下味をつける。さつまいもは皮つきのままひと口大の乱切りにして水にさらしてアクを抜く。玉ねぎは芯を除き、2㎝幅のくし形切りにする。
❷フライパンにごま油を中火で熱し、鶏もも肉の皮目を下にして焼く。焼き色がついたらひっくり返す。
❸②に水けをきったさつまいもと玉ねぎを加えてサッと炒める。酒を回しかけ、ふたをして7〜8分蒸し焼きにする。Aを混ぜて加え、炒めあわせる。

さつまいもはご飯のおかずにならないと思っている方に、ぜひ。

さつまいも団子のぜんざい

材料（作りやすい分量）
さつまいも…150g
砂糖…大さじ½
白玉粉…100g
ゆで小豆（缶）…400g

作り方
❶さつまいもは皮をむき、1㎝幅の半月切りにして水にさらしてアクを抜く。
❷鍋に水けをきったさつまいもと、かぶるくらいの水を入れてゆでる。湯を捨て、再び火にかけて水分を飛ばし、熱いうちにつぶす。砂糖を加えて混ぜ、粗熱をとる。
❸白玉粉に水（分量外）を少しずつ加えて②と同じかたさになるまで混ぜる。②を加え、よく混ぜて16等分にして丸める。
❹別鍋にたっぷりの湯を沸かし、③をゆでる。浮き上がったらさらに2分ゆで、冷水にとる。
❺別鍋にゆで小豆と水適量（分量外）を入れてサッと混ぜ、火にかける。沸騰したら④を入れてひと煮し、器によそう。

里いも

植えつけ　4月上旬〜5月上旬
収　穫　9月下旬〜12月下旬

常温　冷凍

収穫のコツ

霜が降りる前に収穫する

　熱帯地方原産の里いもは、寒さが苦手。霜が降りる前に収穫するようにします。最初に株元を10cmくらい残して茎を切り、いもを傷つけないように株元から15cm以上離れた場所にスコップを入れて掘り上げます。

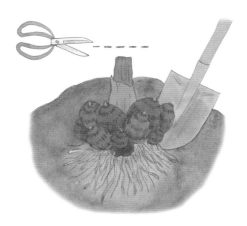

種いも用に保存する

　収穫したいもは春まで地中に埋めて保存すれば、翌年の種いもとして利用できます。
　保存するには、収穫したいもの茎を切り落とし、子いもを親いもにつけたままの状態にします。次にいもが並べられる深さ50cmの穴を掘り、いもを逆さにおいて土をかけて埋め、さらに20〜30cmほど土を盛ります。冬の寒さからできるだけ守るためです。最後に、雨が入り込まないよう、盛り土の上にビニールシートをかけて押さえます。

半日陰＆マルチがけがおすすめ

　里いもは乾燥に弱いので、植えつけ場所は土が乾燥しにくい半日陰がベスト。植えつけ後は、穴なしの黒マルチでマルチングをすると地熱が上がって生長を促し、また乾燥を防止します。芽が出たらマルチを早めに切って芽を外に出します。

＼ 茎も食べられる！ ／
皮をむいて干せば
「ずいき」「いもがら」に

　里いもの品種のヤツガシラやセレベスの茎（葉柄）は、「ずいき」「いもがら」とも呼ばれる日本伝統の保存食のひとつ。作り方は簡単で、切りとった茎の皮をピーラーなどでむき、天日でしっかり干せばできあがり。皮をむくときは茎から出るアクで手がかゆくなることもあるので注意しましょう。使うときは水で戻し、下ゆでします。煮ものやみそ汁、おひたしがおすすめで、シャキシャキとした独特の歯ざわりが味わえます。

皮をむいて
干します

カラカラに干すと
1/2以下になる。

常温保存　1か月

新聞紙に包んで冷暗所へ

長期保存をするには、土の中に入れておくのがベスト。室内では新聞紙に包んで常温保存します。その際、土を洗い落とすと傷みやすいので、土をつけたままにします。低温は苦手なので、冷蔵保存は避けます。

新聞紙で包み、冷暗所において保存。

冷凍保存　1か月

皮をむいておくと便利

皮つきのまま冷凍する方法もありますが、むいておいたほうが使いたいときにすぐに使えて便利です。ひと口大に切っておけば、煮ものの準備の時短になります。

ひと口大に切って冷凍

皮をむいてひと口大に切り、保存袋に入れて冷凍する。

利用法
- 凍ったまま煮汁で煮て、汁ものや煮ものに。
- 電子レンジなどで解凍し、ソースやチーズをかけて焼いてグラタンに。

消費レシピ

里いもの
ミートグラタン

ミートソースをホワイトソースにしてもおいしい！

材料（4人分）
里いも…大10個
塩、こしょう…各少々
ミートソース（市販）…300g
ピザ用チーズ…50g
パン粉…大さじ1

作り方
❶里いもは皮をむいて半分に切り、塩小さじ½（分量外）をふってもむ。ぬめりを洗い流し、軽く水けをきる。
❷耐熱皿に並べ、ふんわりとラップをかけて電子レンジ（600W）で8〜9分加熱する。水けをきり、塩、こしょうをふって粗くつぶす。
❸耐熱容器に広げ、ミートソースをのせてピザ用チーズをふり、パン粉をちらす。
❹温めておいたオーブントースター（高温）で、表面に焼き色がつくまで焼く。器が大きい場合はオーブンで焼く。

長いも

植えつけ　4月中旬〜5月中旬
収　　穫　12月中旬〜2月中旬

常温　冷蔵　冷凍

収穫のコツ

地上部が枯れたら収穫可能

　地上部が枯れるのは12月中旬。地上部の茎葉を誘引した支柱を全て撤去し、つるを地際で切りとります。つるの周囲にスコップの刃を入れて徐々に掘り下げて収穫します。長いもでは1.5mにもなる根は、折れやすいので、傷つけないように注意しましょう。

秋の「むかご」もおいしい

　むかごは、つるが肥大してできる小さないも状のもの。9月下旬からつるにむかごがつき始めます。そのままにしておくと養分がとられてしまうので、1cmほどの大きさになったらつるをしごいて収穫します。むかごは、ご飯に炊き込んだり、塩ゆでにしたり、素揚げにしたり、炒めものにしてもおいしくいただけます。

根が伸びやすいフカフカの土に

　植えつけの半年前の秋ごろに、70cmの深さまで掘って土をやわらかくしておくと、根がよく伸びます。いもの先が分かれる「又根」にならないように、石や根の残りなど、土中の異物もとり除いておきましょう。

長いもの変色を防ぐには

　すりおろした長いもをそのままおいておくと、空気に触れたポリフェノールなどの成分が酸化し、変色します。切り口も同様です。できるだけ食べる直前におろしたり切ったりするのがベストですが、酢やレモン汁を混ぜればある程度防ぐことができます。切った長いもは、酢水にさらすときれいな白色が比較的長くキープできます。

切ったあと、空気に長く触れると変色する。

常温保存　　1か月

土を払い落としてから新聞紙に包んで冷暗所へ。

新聞紙に包んで冷暗所へ

収穫後は切らずに新聞紙に包み、段ボール箱などに入れて風通しのよい冷暗所で保存します。室温が15℃以上になるときは、包んだまま保存袋に入れて野菜室へ。ひげ根が伸びてきたらとります。

冷蔵保存　　10日

切り口にラップをかけて

切ったものは、切り口にぴったりラップをかけて、保存袋に入れて野菜室で保存します。変色を防ぎたいときは、酢水につけてからラップをかけます。

切り口に空気が触れないよう、ラップをしてから保存袋へ。

変色を防ぎたいなら、酢水につけてからラップをかけるとよい。

冷凍保存　　1か月

たたいて、切って冷凍が便利

冷凍しておけば、粘りけやサクサクした食感がいつでも楽しめます。たたいたり輪切りにしたりするほか、すりおろしやせん切りで冷凍しても。

たたいて冷凍

皮をむいて粗めにたたき、保存袋に入れ、空気を抜いて冷凍する。

［利用法］
● 凍ったまま煮汁に入れ、みそ汁の具に。
● 溶き卵に加えて焼くと、ふんわりした仕上がりに。

輪切りで冷凍

皮をむいて2cm厚さの輪切りにし（太いものは半月切り）、保存袋に入れて冷凍する。

［利用法］
● 凍ったままバターしょうゆで焼いて、おつまみに。
● 桜えびと合わせて炊き込みご飯の具に。

消費レシピ

もちもち焼き

材料（作りやすい分量）
長いも…1本（500g）
片栗粉…大さじ5　塩…少々
サラダ油…大さじ1〜2
のりまたは青のり…適量
しょうゆ…適量
わさびまたは練りがらし…少々

作り方
❶長いもは皮をむいてすりおろす。
❷①と片栗粉、塩をよく混ぜあわせる。
❸フライパンにサラダ油を熱し、②をスプーンですくってひと口大に丸く焼く。両面に焼き色がついたらとり出し、半分に折って切ったのりで巻くか、青のりをふる。
❹器に盛り、しょうゆにわさびか練りがらしを添える。

もっちり＆のりの風味でいそべもち風

小松菜

種まき　　3月中旬〜10月下旬
収　穫　　4月下旬〜12月下旬

冷蔵　　冷凍　　漬けもの

収穫のコツ

手のひらサイズがおいしい！

　一般的に流通している小松菜は、20〜30cmの長さがほとんどですが、家庭菜園では15〜20cmの長さで収穫する若どりがおすすめ。葉も茎も、若いほどやわらかいからです。手のひらにのるくらいのサイズで収穫すれば、葉がやわらかく、生でもおいしく食べられます。

夕方の収穫がベター

　夕方は、日中に光合成で作った養分が葉に蓄積され栄養価が高く、いちばんおいしく味わえるタイミングです。日暮れの寒さに当たるとさらに糖分が葉に流れてうまみがアップします。

ふたつの収穫方法がある

　収穫の仕方は、茎を持って根ごと引き抜く方法と、地際をハサミやカマで切りとる方法の2種類。根ごと引き抜いて収穫したときは、根についた土を軽く落とし、葉の消耗を防ぐため根をハサミでカットします。茎を地際で切りとるときは、あとに育てる作物に影響が出ないように、収穫後、畑から根を抜きとっておきます。

1
根ごと抜く
茎をまとめて持って引き抜き、その後ハサミで根を切り落とす。

2
根元を切る
つけ根からハサミで切りとり、その後、土の中の根をとり除く。

冷蔵保存　　1週間

湿らせたペーパーで乾燥を防ぐ

そのままだとしんなりしてしまうので、水で湿らせたペーパーで包んでから保存袋に入れ、野菜室に立てて保存します。

水分を与えると葉のハリが保たれる。

冷凍保存　　1か月

切っておけば汁ものや炒めものに

使いきれないときは冷凍しておきましょう。ざく切りにしておけば汁ものや炒めものを作るときにサッと加えられます。

ざく切りで冷凍

2～3cm長さのざく切りにして、保存袋に入れて冷凍する。

　利用法
●凍ったまま油で炒めて、にんにくとの塩炒めや、牛肉とのオイスターソース炒めに。
●凍ったまま煮て、油揚げとの煮びたしや、みそ汁の具に。
●熱湯をかけて解凍し、おかかあえやごまあえに。

そのまま冷凍

2～3株をラップに包み、冷凍する。

　利用法
●凍ったまま切って、汁ものの具に。
●凍ったまま切って、炒めものなどの色味に。

凍ったまま、ハサミで食べやすい大きさに切りながら鍋に入れる。

漬けもの　　冷蔵で5日

小松菜とにんじんのサラダ漬け

材料（作りやすい分量）
小松菜…200g
玉ねぎ…¼個
にんじん…⅓本
しょうが…½かけ
しょうゆ、オリーブ油…各大さじ½

作り方
❶小松菜はざく切りにする。玉ねぎは薄切りにする。にんじんは細切りに、しょうがは皮をむいてせん切りにする。
❷保存袋に①を入れ、しょうゆを加え、袋をふって混ぜる。オリーブ油も加えてふってなじませ、空気を抜いて口を閉じ、冷蔵庫で1時間漬け込む。

冷蔵庫でこのまま保存する。

軽く水けを絞って、ハムやサラダチキンといっしょにサンドイッチにしてもおいしいですよ。

155

とれたて野菜で楽しむ
スムージー

とれたての野菜のみずみずしさを味わうのにぴったりなのがスムージー。ミキサーやフードプロセッサーがあれば、手軽に作れるのも魅力です。野菜にフルーツをプラスすると飲みやすく、またビタミンなどの栄養価もアップ。おすすめレシピを紹介します。

作り方
ミキサーやフードプロセッサーが回りやすいよう、皮をむき適度な大きさに切った材料を、全て入れてかくはん。回りにくいときは、水分を加えるとよいでしょう。

小松菜×バナナ

材料（1人分）
小松菜…2株
バナナ…1本
ヨーグルト…200cc

キャベツ×キウイフルーツ

材料（1人分）
キャベツの葉…大1〜2枚
キウイフルーツ…1個
牛乳…200cc

にんじん×りんご

材料（1人分）
にんじん…½本
りんご…½個
水…50cc

全国の
漬け菜

　日本の各地には、風土に適した伝統的な漬け菜があります。小松菜や白菜、かぶなどと同じアブラナ科の青菜で、主に漬けものに使われます。代表的なのが長野県の野沢菜で、ここで紹介したもののほかにも、岩手県の「芭蕉菜」、新潟県の「女池菜」、埼玉県の「しゃくし菜」、石川県の「中島菜」、奈良県の「大和真菜」、長崎県の「唐人菜」などさまざまな漬け菜があります。種を取り寄せて育ててみるのも一興です。

野沢菜（長野県）

日本三大漬け菜のひとつ。江戸時代に野沢の寺の住職が京都から持ち帰ったかぶの種から誕生したとされる。

高菜（九州）

博多ラーメンのトッピングとして知られる高菜漬け。高菜はピリッとした辛みのあるからし菜の一種で、日本三大漬け菜のひとつ。

広島菜（広島県）

日本三大漬け菜のひとつ。結球はしないが、白菜に似た形で大きな葉が特徴。

山形青菜（山形県）

独特の風味と辛みがおいしく、青菜漬け、おみ漬け（写真右）に使われる。明治時代に奈良県から種を導入したもの。

壬生菜（京都府）

京都原産の水菜の自然交配で生まれた壬生地方の漬け菜。水菜と異なり葉先が丸いが、シャキッとした歯ごたえは水菜と同様。

ほうれん草

種まき 　　3月上旬〜5月上旬、9月上旬〜10月下旬
収　穫 　　4月下旬〜6月下旬、10月上旬〜3月上旬

（冷蔵）（冷凍）

収穫のコツ

夕方の収穫がおすすめ

　草丈25〜30cmになったら収穫適期。株元をしっかり持って引き抜き、根をハサミで切りとります。朝よりも夕方に収穫した方が、日中に光合成で作られた養分が葉に蓄積されてよりおいしくなります。

引き抜いて収穫したら、その場で根をハサミで切り落とす。

「とう立ち」に注意

　ほうれん草は日が長い時期（昼の時間が12時間以上）は、花芽ができてとう立ちしやすくなります。とう立ちすると葉や茎がかたくなり、味が落ちます。春まきは、とう立ちしにくい品種を選びましょう。夜間に外灯の光が届く場所でもとう立ちすることがあるので、夜は完全に暗くなる環境で育てましょう。

年末年始に合わせて10月中旬に種まき

　10月中旬に種まきをすると、12月には収穫できるサイズになります。野菜が高騰する年末年始に使えて重宝します。生育も寒さでゆっくりになるため、翌年3月上旬まで収穫可能です。真冬の寒さに当たると、葉が肉厚になり、甘みやうまみも凝縮します。

ミニ知識

ほうれん草に多いシュウ酸

　結石などの原因になるシュウ酸は、いろいろな野菜に含まれていますが、とくにほうれん草には多く含まれています。生で食べるのは避けましょう。ゆでて水にさらしてから絞ることで、シュウ酸の半分近くを除去できます。サラダほうれん草は、シュウ酸の少ない品種なので、大量でなければ生で食べても問題ありません。

冷蔵保存 　　1週間

乾燥を防いで野菜室へ

湿らせたペーパーで包み、保存袋に入れて野菜室で立てて保存します。根元の赤い部分にも栄養があり、おいしく食べられます。土をよく洗い流し、捨てずにそのまま保存しましょう。

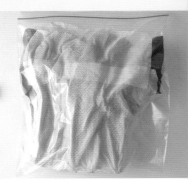

ぬらしたペーパーで包んで保存袋へ。

冷凍保存　　1か月

かためにゆでて冷凍

シュウ酸を抜くため、ゆでて水にさらしてから
冷凍します。すぐに火が通るので、ゆですぎに
注意。食べやすい長さに切り、ラップで包んで
冷凍します。

ゆでて冷凍

熱湯でサッとゆでて水にとり、
水けをよく絞る。食べやすい
大きさに切ってラップで包み、
保存袋に入れて冷凍する。

（利用法）
●凍ったまま煮て、汁ものや
卵とじなどに。
●凍ったまま炒めて、炒めも
のやパスタソースなどに。

消費レシピ

ほうれん草と
帆立のクリーム煮

材料（作りやすい分量）
ほうれん草…800g
玉ねぎ…1個
にんにく…1かけ
ベビーボイル帆立…300g
バター…40g
小麦粉…大さじ6
牛乳…800cc
コンソメスープの素（固形）…1個
塩、こしょう…各少々

作り方

❶ほうれん草は熱湯でゆで、水にとっ
て冷めたら絞る。4cm長さに切り、さ
らにもう一度絞る。玉ねぎは1cm幅の
薄切りにする。にんにくはみじん切り
にする。

❷フライパンにバターとにんにくを入
れ、バターが溶けたら玉ねぎを加えて
炒める。しんなりしたら小麦粉をふ
り、焦げないように中火で炒める。

❸牛乳とくだいたコンソメスープの素
を加えよく混ぜあわせる。とろみがつ
いてきたら帆立を加え、弱火で3〜4
分煮る。

❹ほうれん草を加えてひと煮し、塩、
こしょうで味をととのえる。

ほうれん草とクリームは、
鉄板のおいしさ！

スパゲティにかけてクリームパスタに、
ご飯にかけてチーズをふって焼き目を
つけてドリアにしてもおいしいですよ。

春菊

種まき　　4月上旬〜4月下旬、9月上旬〜10月中旬
収　穫　　6月中旬〜7月中旬、10月中旬〜12月上旬

冷蔵　冷凍

収穫のコツ

摘心しながら繰り返し収穫

　草丈が20〜25cmほどになったら、先端10cmのところでハサミを使って摘心します。摘心することで、わき芽がふえて葉がふえ、やわらかい葉を繰り返し収穫できます。わき芽から出る小さい葉を1枚残しておくと、再び新芽が伸びて収穫が楽しめます。

花芽を見つけたら摘みとる

　花芽がつくと、かたくすじっぽくなり、香りもなくなるので、見つけたら早めに摘みとりましょう。

長く収穫したいときは保温シート

　春菊は寒さに弱く、霜が降りると黒くなり枯れてしまいます。霜が降りる前に穴あき保温シートをかぶせると、長く収穫が可能になります。

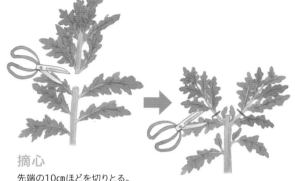

摘心
先端の10cmほどを切りとる。

収穫
伸びたわき芽を1本ずつハサミで切る。根元の小さな葉を1枚残しておくこと。

15cmくらいがおいしいとき。大きくかたくなる前に収穫したい。

冷蔵保存　　1週間

乾燥しないようにペーパーに包んで
湿らせたペーパーで全体を包み、保存袋に入れて野菜室へ。やわらかい葉が折れないように気をつけて包んで。

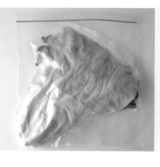

野菜室に立てて保存する。

冷凍保存 　1か月

葉と茎に分けて冷凍

葉は摘み、残った茎は切って、それぞれ保存袋に入れて冷凍します。やわらかい葉はそのまま、茎は薄い小口切りにします。

葉を冷凍

葉を摘み、まとめてラップで包む。または、食べやすい大きさに切って保存袋に。

利用法
● 凍ったままみそ汁や豚汁に入れてサッと煮る。
● 凍ったままチゲ鍋や水炊きなど鍋ものの具材として。
● サッとゆでておひたしやおかかあえ、納豆あえに。

茎を冷凍

薄い小口切りにし、保存袋に入れて平らに広げて冷凍庫へ。

利用法
● さっとゆでて、かつお節とあえてふりかけに。
● 凍ったまましらす干しや干しえびと一緒に炒めてふりかけに。
● 凍ったままひき肉に練り込んで、和風ハンバーグやつくねの肉だねに。

消費レシピ

春菊の葉としらすのサラダ

材料（作りやすい分量）
春菊…400g
しらす…50g
ごま油…大さじ1～2
塩…少々

作り方
❶春菊はやわらかい葉を摘み、長ければ食べやすくちぎる。
❷塩とごま油を回しかけ、全体にからめる。しらすを加えてあえる。

春菊の葉は、食べやすい大きさにちぎる。

春菊の茎のチャーハン

材料（2～3人分）
春菊の茎…10本
卵…4個
あたたかいご飯…400g
塩、こしょう…各少々
白ごま…大さじ2
かつお節
　…1～2袋（5～10g）
しょうゆ…小さじ1/2
サラダ油…大さじ2

作り方
❶卵を溶きほぐし、ご飯と塩、こしょうを加えて混ぜる。
❷春菊の茎は小口切りにする。
❸フライパンにサラダ油を熱し、①を加えて炒める。米がパラパラになったら、②、白ごま、かつお節を加えてさらに炒める。鍋肌にしょうゆを回しかけて、香りをつける。

水菜

種まき　3月上旬〜11月中旬
収　穫　5月上旬〜3月下旬

冷蔵　冷凍　漬けもの

収穫のコツ

「間引き収穫」しながら育てる

　水菜は密植ぎみに種をまき、間引きをしながら大株に育てると、長期間収穫ができるのでおすすめです。

　株間が15cmほどになるまでは、株同士が触れあったら1株おきに間引いて収穫します。収穫するときは、地際にハサミを入れて切りとります。間引き菜は、若くやわらかいので、サラダにしてもおいしくいただけます。

1株ずつ葉をまとめてつかんで、根元を切りとる。隣の株の葉を持たないように気をつける。

草丈30〜40cmになったら株ごと収穫

　株間を15cmにして、追肥（月に1回化成肥料を2株につき15粒）を施しながら育てると、葉数の多い大株になります。草丈が30〜40cmになったら、株ごと引き抜くか、ハサミで切って収穫します。大きくなりすぎるとかたくなるので、タイミングを逃さないようしましょう。

葉を折らずに収穫する方法

　水菜は葉や茎が細く折れやすいので、大株を収穫するときは、マルチ1穴分をまとめて手で持って引き抜くか、根元をハサミで切ると、葉を傷めずに収穫できます。すじまきの場合は、列の端から順に収穫するとベター。いずれも折れやすい白い部分ではなく、葉の部分を持つことがポイントです。

冷蔵保存　　1週間

丸ごと包んで鮮度をキープ

水分を逃さないように、湿らせたペーパーで丸ごと包み、保存袋に入れて野菜室に立てて保存します。

葉ものを野菜室へ入れるときは立てて入れたほうが鮮度を保てる。

冷凍水菜を使って

冷凍保存   1か月

新鮮なうちに切って冷凍

鍋ものに欠かせない水菜。冷凍しておけば買い忘れても安心です。ざく切りにして保存袋に入れればＯＫ。

ざく切りで冷凍

4～5cm長さのざく切りにし、保存袋に平らに入れ、空気を抜いて冷凍。

(利用法)

●凍ったまま豚肉とサッと煮て煮びたしに。

●凍ったままスープに入れて煮て。

●凍ったままさっとゆでておひたしに。

●凍ったままにんにくと炒めて青菜炒めに。

水菜とがんもの煮もの

材料（作りやすい分量）

冷凍水菜…200g

がんもどき（小）…12個

A ┌ 水…300cc
  │ 和風だし（顆粒）…小さじ½
  │ みりん、しょうゆ…各大さじ2
  └ 砂糖…小さじ1

作り方

❶がんもどきはざるにのせ、熱湯を回しかけて余分な油を落とす。

❷鍋にAを入れて強火にかける。沸騰したら①を加え、再び沸騰したら中火にして5～6分煮る。

❸がんもどきをはしに寄せ、空いたところへ凍った水菜を加える。再び煮立ったら水菜をほぐし、しんなりするまで煮る。

漬けもの   冷蔵で1週間

水菜のからし漬け

材料（作りやすい分量）

水菜…400g

A ┌ 粉がらし…4g（水菜の重さの1％）
  │ 塩…10g（水菜の2.5％）
  └ みりん…20g（水菜の5％）

作り方

❶水菜はサッとゆでて水にとって冷まし、食べやすい大きさに切って水けを軽く絞る。

❷Aは保存袋に入れて混ぜあわせる。

❸②に①を入れ、全体がなじむようによくもむ。空気を抜いて口を閉じ、冷蔵庫で1日以上漬け込む。

保存袋に水菜と漬け汁を入れる。

漬け汁が全体に行き渡るようによくもむ。

ちんげん菜

種まき　3月下旬〜5月上旬、6月下旬〜10月中旬
収穫　　5月下旬〜7月中旬、8月下旬〜12月中旬

冷蔵　**冷凍**

収穫のコツ

草丈15〜20cmが食べごろ

　夏は種まきから50日、春と秋は55日、冬は70〜80日を目安に収穫します。草丈15〜20cmの若どりがやわらかく、おいしいのでおすすめです。気温が下がると生育スピードが遅くなり、大きくなるのを待っていると葉がかたくなるので、15cm以下で収穫するのがよいでしょう。地際にハサミを入れて根を切りとります。

生育のスピードアップは追肥と中耕

　生育がゆっくりだと葉がすじっぽくかたくなります。生育スピードを上げるには、間引きのあと、追肥（1株につき化成肥料10粒）を施します。肥料をまいたら株の両脇を小さい熊手で耕し（中耕）、株元に土寄せします。

水はけをよくする技

　ちんげん菜は水はけのよい環境を好みます。中耕のあとに、畝の周りをクワで削って溝を作り、最後に畝の形を整えます。このひと手間で水はけがよくなり、おいしさに差が出ます。

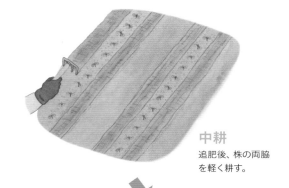

中耕
追肥後、株の両脇
を軽く耕す。

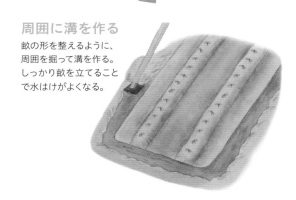

周囲に溝を作る
畝の形を整えるように、
周囲を掘って溝を作る。
しっかり畝を立てること
で水はけがよくなる。

冷蔵保存　　1週間

水分が多いので乾燥させないように

水分を多く含んでいる野菜です。乾燥しないように湿らせたペーパーで丸ごと包み、保存袋に入れて野菜室で保存します。

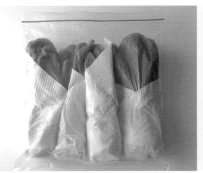

野菜室では立てて
保存する。

冷凍保存　　1か月

葉と軸を切り分けて保存

軸が肉厚なので、食べやすい大きさに切ってから冷凍しておくと、下処理の手間がなくて便利です。

ざく切りで冷凍

葉と軸を切り分け、軸は縦に4〜6等分に切り、保存袋に入れ、空気を抜いて冷凍します。

葉と軸の境目に包丁を入れて切り分ける。

軸は縦4〜6等分に切って冷凍する。

利用法

● 中華丼の具材として。
● 凍ったままえびやいかと炒めて。
● 凍ったまま煮て、肉団子入りの中華スープに。

ちんげん菜とたらのレンジ蒸し　消費レシピ

材料（2人分）
ちんげん菜…3株
生たら…2切れ
長ねぎ…⅓本
しょうが…1かけ
塩、こしょう…各少々
A ┌ 酒…大さじ2
　└ ごま油…小さじ2
ポン酢しょうゆ…適量

作り方
❶たらは骨をとり、全体に塩、こしょうをふる。
❷ちんげん菜は1枚ずつ外し、ざく切りにする。長ねぎとしょうがはせん切りにする。
❸耐熱皿にちんげん菜を敷き、長ねぎとしょうがをのせる。中央に重ならないようにたらを並べ、Aをふりかける。
❹ふんわりとラップをかけ、電子レンジ（600W）で7〜8分加熱する。
❺器に盛り、ポン酢しょうゆをかける。

たらの代わりに、豚の薄切り肉や鶏肉のそぎ切りなどにしてもおいしいですよ。加熱時間は加減してください。

白菜

種まき	8月中旬～9月中旬
収 穫	11月上旬～1月下旬

常温　冷蔵　冷凍　漬けもの　おかずの素

収穫のコツ

球がかたくしまったら収穫適期

種まきから60～90日後、葉がしっかり巻いて結球していたら収穫できます。白菜は収穫適期が遅れても味が落ちないので、必要な分だけをとります。根元を切りとるため、外葉を手でグッと押し下げて、根元にやや斜めに包丁を入れて切りとります。

収穫したら、切り口をまっすぐに切り落として整える。畑に残った切り口には切り込みを入れて枯れるのを待ち、根はきちんととり除く。

「はちまき」で長期保存ができる

白菜は畑に植えたまま保存ができますが、霜に当たると葉が傷みます。長期間保存するには、結球した球の部分を外葉で覆って寒さから守ります。外葉を押し上げて結球部分にかぶせ、全体を覆ったら最後に麻ひもなどで上部をしばっておきましょう。

外葉で包んで、剥がれ落ちないように上部をひもでしばる。

もしも結球しなくても捨てないで

うまく結球しなかった場合は、葉ものとして味わいましょう。シャキッとした食感で、鍋ものなどに利用できます。そのまま春まで育てれば、とう立ちして菜花として楽しめます。

プロの技！

穴あき透明マルチで2回目の追肥がラク！

畝を立てたら、保温と保湿、防虫対策に透明マルチを畝に張ります。30cm間隔で2穴あいたマルチを使い、1穴とばして60cm間隔で各3粒ずつ種をまきます。2回目以降の追肥はあいている穴にできるので葉を傷めずにできて便利です。

常温保存 (1か月)

丸ごとなら常温保存可能

丸ごとであれば常温で保存できます。新聞紙で全体を包み、段ボール箱などに立てて入れて冷暗所で保存します。

冷蔵保存 (1週間)

カットしたら野菜室で保存

軸の根元が残っていると生長してしまい、鮮度が早く失われます。斜めに切り落とし、全体をラップに包んで野菜室で保存します。

できれば軸の根元を下にして立てて保存する。

冷凍保存 (1か月)

葉と軸に切り分けて冷凍

葉と軸（葉柄）に切り分け、使いやすい大きさに切って冷凍します。炒めものや煮びたし、サッとゆでてあえものになど、幅広い料理に使えて便利です。

ざく切りで冷凍

葉と軸はひと口大のざく切りにし、保存袋に入れ、空気を抜いて冷凍します。

利用法
●凍ったまま煮て、がんもどきなどとの煮びたしや、肉といっしょに蒸し煮に。
●凍ったままシチューなどのスープものの具材に。
●サッとゆでて解凍し、おひたしやおかかあえに。

棒状に切って冷凍

軸は縦長の1cm幅の棒状に切り、葉は食べやすく切って保存袋に入れ、空気を抜いて冷凍します。

利用法
●凍ったまま炒めものや炒め煮などに。
●凍ったまま鍋ものの具材に。

冷凍白菜を使って

マーボー白菜

材料（作りやすい分量）
冷凍白菜（棒状）…300g（4枚分）
長ねぎ…½本　サラダ油…大さじ1
豚ひき肉…200g　豆板醤…小さじ1
みそ…大さじ1　水…100cc
中華だし（顆粒）…小さじ1

A
┌ 酒…大さじ1
│ しょうゆ…大さじ2
└ こしょう…少々

B
┌ 片栗粉…大さじ1
└ 水…大さじ2

作り方
❶長ねぎはみじん切りにする。
❷フライパンにサラダ油を熱し、ひき肉を炒める。色が変わったら、豆板醤とみそを加えてサッと炒めあわせる。
❸水と中華だし、Aを加えて強火にかける。沸騰したら冷凍白菜を加え、再び煮立ったら中火にし、ほぐしながら煮る。
❹白菜に火が通ったら①を加えてひと煮し、よく混ぜたBを加えてとろみをつける。

白菜漬け

2週間

材料（作りやすい分量）

白菜…1株（約3kg）
粗塩…干した白菜の重量の3％
昆布…3cm角×5〜8枚
赤とうがらし…3〜4本

作り方

❶白菜をさいて干す。晴れた風の吹く日がよい。白菜は根元に包丁で深く切り込みを入れて手で半分にさく。同じ要領で1株を4等分にさく。

❷水洗いし、振って水けをきり、切り口を上にして並べ、3〜4時間干す。

❸漬け込み樽の底に粗塩をひとふりし、白菜全体に塩をすり込みながら葉先と軸の根元が交互になるようにキッチリと詰めていく。

❹1段目が終わったら半量の昆布と赤とうがらしをちらす。

❺2段目も同様にし、最後に残った粗塩をまんべんなくふる。落としぶたをして平らになるようにグーッと押す。

❻重石（5〜6kg）をのせ、冷暗所におく。

食べごろ

5日程度で水が上がってきたら漬け上がり。重石を2〜3kgにして冷暗所で保存する。食べごろは5日〜2週間。そのまま食べるだけでなく、きざんで餃子の具にしたり、鍋ものの具材してもおいしい！

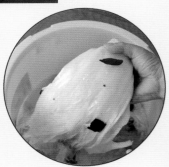

❸大きな容器に葉と軸が交互になるように入れて8〜10時間休ませる。4〜5時間後、上下を一度入れかえる。
❹白菜がしんなりしたら2〜3回流水で洗ってざるに上げ、しっかりと水けを絞る。少し食べてみてまだ塩辛い場合は流水にさらして塩を抜く。

❺鍋にA（煮干しは頭と腸を除く）を入れて1時間おいてから火にかける。沸騰したらアクをとり、火を弱めて半量になるまで煮出す。煮干しは除き、だし汁は冷ます。
❻Bとだし汁をなめらかになるまでミキサーにかける。
❼長ねぎは斜め薄切りにする。にらは3cm長さに切る。

❽⑥とCを混ぜ合わせ、⑦を加えて軽く混ぜる。
❾大きな容器に大きなポリ袋を入れ、その中で白菜を漬ける。白菜の葉1枚ずつに⑧をまんべんなくぬる。葉の根元は特に念入りにぬる。
❿ぬり終わったらふたつ折りにして丸め、周囲にもぬり袋にすき間なく詰める。袋の口をしばり、半日室温においてからふたつきの容器に入れて冷蔵庫で保存する。

白菜キムチ

冷蔵で3週間

材料（作りやすい分量）
白菜…1株（3kg）
塩…150g（白菜の重量の5％）
A ┌ 煮干し…50g　昆布…5cm角
　└ 水…200cc
B ┌ りんご（芯を除きひと口大に切る）…½個
　│ いかの塩辛（細かく包丁でたたく）…200g
　│ にんにく…5かけ
　│ しょうが…1かけ
　│ 冷たいお粥…80g
　└ アミの塩辛汁またはナンプラー…小さじ2
長ねぎ…½本
にら…½束
C ┌ 粉とうがらし…大さじ2
　└ 中とうがらし、粗とうがらし…各大さじ3

作り方
❶白菜は「白菜漬け」①②（→p168）と同様にする。干せないときは干さなくてもよい。
❷軸の根元に切り込みを入れ、軸を中心に、葉と葉の間に塩をふる。軸は多く、葉は少なめにする。

食べごろ
味が落ちつくのは3〜4日後から。2〜3週間すると酸味のある古漬けになる。酸味が出てきたら、炒めものや鍋ものにするのがおすすめ。

169

塩もみ白菜

½個分の白菜も、塩もみにしておけばしんなりしてかさが減り、さまざまな料理に展開することができます。サラダやあえものはもちろん、炒めものや鍋ものの具材、きざんで餃子に入れてもOK。

材料（作りやすい分量）
白菜（小）…½個（約1.5kg）
塩…22.5g（白菜の1.5%）

作り方
❶白菜は根元を落として1枚ずつはがし、繊維を断ち切るように3cm幅のひと口大に切る。
❷ボウルに①を入れ、塩をふってもみ込む。平らにならし、ラップをかける。白菜と同じ重さの重石をして、水が出てくるまで2〜3時間おく。
❸水ごと保存容器に入れ、冷蔵庫で保存。

塩もみ白菜を使って

白菜のコールスロー

材料（作りやすい分量）
塩もみ白菜…400g
ロースハム…2枚
ホールコーン…50g
A ┌ レモン汁…大さじ1
  │ マヨネーズ…大さじ2〜3
  └ こしょう…少々

作り方
❶塩もみ白菜は軽く水けを絞り、細切りにする。ロースハムは細切りにする。
❷ボウルに①とホールコーンを入れ、Aであえる。

ラーパーツァイ

材料（作りやすい分量）
塩もみ白菜…300g
A ┌ 酢…大さじ3
  │ 砂糖…大さじ2
  └ しょうゆ…大さじ½〜1
B ┌ 赤とうがらし…1本
  │ しょうが…1かけ
  │ サラダ油…大さじ½
  │ ごま油…大さじ½
  └ 粉山椒（あれば）…少々

作り方
❶塩もみ白菜は軽く水けを絞る。Bの赤とうがらしは半分に切って種を除く。しょうがは細切りにする。
❷耐熱ボウルに塩もみ白菜を入れ、Aを加えて混ぜあわせる。
❸小鍋にBを入れて中火にかけ、香りが出たら②に回しかけてあえる。

白菜と春雨の中華炒め

材料（作りやすい分量）
白菜…400g　緑豆春雨…50g
しょうが、にんにく…各1かけ
ごま油…大さじ1　豆板醤…小さじ1
豚ひき肉…200g　みそ…大さじ1〜2

A ┬ 中華だし（顆粒）…大さじ½
　├ 砂糖、しょうゆ…各大さじ1
　└ 酒…大さじ1　水…1カップ

作り方
❶白菜は4cm長さに切り、繊維に沿って2cm幅に切る。しょうがとにんにくはみじん切りにする。春雨は食べやすい長さに切る。
❷フライパンにごま油としょうが、にんにく、豆板醤を入れて中火にかける。いい香りが出たら豚ひき肉を加えて炒めあわせる。
❸肉の色が変わったら、春雨、白菜の順に重ねて入れ、Aを加えてふたをして8〜10分煮込む。煮汁でみそを溶き、サッと全体を炒めあわせる。

 ひき肉を炒めるとき、細かくせずかたまりになるようにするとボリュームが出ます。

材料（作りやすい分量）
白菜の葉…6枚
長ねぎ…½本
しょうが…1かけ
鶏ひき肉…200g　卵…1個
塩、こしょう…各少々
小麦粉…適量
ポン酢しょうゆ、ラー油…各適量

粗熱がとれるまでおく。

白菜のミルフィーユ蒸し

作り方
❶長ねぎとしょうがはみじん切りにする。
❷白菜は、葉と軸が交互になるように重ねてラップに包む。電子レンジ（600W）で5〜6分加熱する。
❸鶏ひき肉と①、卵、塩、こしょうをよく混ぜあわせ、3等分にする。
❹耐熱ボウル（直径15cm）に白菜を2枚入れ、茶こしに小麦粉を入れて薄くふる。③の⅓量を平らに詰め、その上に小麦粉を薄くふり、白菜1枚と③の⅓量を重ねる。これを再度繰り返し、最後に薄く小麦粉をふり、白菜2枚で表面を覆い、ふんわりとラップをかけて電子レンジ（600W）で17〜18分加熱する。電子レンジからとり出し、粗熱がとれるまでおく。
※ボウルから白菜がはみ出る場合は、切りとってみじん切りにし、③に混ぜ込む。
❺器にあけ、食べやすい大きさに切ってポン酢しょうゆとラー油を添える。

大根

種まき　　3月上旬〜4月下旬、8月下旬〜9月上旬
収　穫　　5月上旬〜6月下旬、10月中旬〜1月下旬

`常温` `冷蔵` `冷凍` `乾燥`
`おかずの素` `漬けもの`

収穫のコツ

根の太さを確認して収穫

　収穫のおおよその目安は種まきから60〜75日後ですが、品種ごとに異なるので、種袋に記載された収穫適期の太さまで生長しているかどうかを確認します。

　収穫するときは、比較的抜きやすい「青首大根」系は葉の根元を、根が深い「白首大根」系は根の上部を持って引き抜きます。土が湿ってやわらかくなるため、雨が降った次の日が抜きやすいでしょう。

長期間楽しむ「リレー収穫」

　大根は一気に収穫しても食べ切れないので、3段階に分けて味わうリレー収穫がおすすめです。最初の収穫は、収穫適期より1週間前。このころはやわらかい葉やみずみずしい根が楽しめます。収穫適期で収穫した大根は、品種本来の風味を味わいます。収穫適期から1週間後のやや大きく育った大根は、煮ものや鍋ものなどにおすすめです。

秋作は品種を変えてリレー収穫

　春作なら種まきのタイミングをずらして収穫時期をばらけさせる方法も可能です。しかし秋作は寒さで生長が止まるリスクがあるので、収穫適期がずれる品種を同時に種まきする方法がベター。「青首大根」系より生育が遅い「白首大根」系、栽培日数が短い「ミニ大根」系など、異なる品種を組み合わせます。

両手でしっかり持って、真上に垂直に引き抜く。

抜いたら、外側の葉をとって土をはらうとよい。

ミニ知識

二股、三股と分かれる「又根」になる理由

　「大根十耕」と言われる大根作りは、種まき前の土づくりが重要。根が枝分かれする又根は、障害物によって起こるのです。まず最初に、土中の小石や根などをとり除き、深さ40〜50cm以上耕しましょう。根の周囲に肥料が多すぎても、根が肥料を求めて枝分かれすることがあります。肥料は適量を、1か所に偏らないよう全体にまきます。間引きが遅れても根が混みあい、又根の原因になります。

冷蔵保存 　2週間

葉と根に切り分けて冷蔵

大根を収穫したら、まず葉を切り落とします。葉をつけておくと葉から水分が蒸散し、根の水分も失われてしまうからです。根は袋に入る大きさに切ってラップで包み、保存袋に入れて野菜室へ。葉はラップで包むか、保存袋に入れて野菜室に保存します。

根に葉を残さないことがポイント。少しでも残っていると、新たな葉が出てきてしまう。

根は長さを3等分に切り、それぞれをラップで包んで保存袋へ。水分を逃さないようにする。

葉は、中のやわらかいところを保存。ラップでしっかり包むか、根元をぬらしたペーパーで包んで保存袋に入れて野菜室へ。
＊利用法→p181

常温保存 　6か月

土に埋めれば長期保存できる

場所があれば、土の中に保存すると、長期間保存が可能。葉は切り落として、50cmほどの穴を掘り、大根同士がふれないようにして埋めます。埋めたあと、切った葉をのせておくなど、目印を忘れずに。

冷凍保存 　1か月

すりおろして冷凍しておくと便利

使いやすい大きさに切って冷凍すると、加熱したときに味がよく入って短時間でもおいしい煮ものや汁ものに。大根おろしにして冷凍しておくと、薬味やあえものにすぐに使えます。

いちょう切りで冷凍

皮を厚めにむいて、5mm厚さのいちょう切りにし、保存袋に入れて。

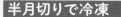

（利用法）
●凍ったまま煮て、みそ汁、豚汁、けんちん汁などの具材に。
●凍ったまま薄切り肉などと煮て、豚バラ大根などに。

半月切りで冷凍

皮を厚めにむいて、1cm厚さの半月切りにし、保存袋に入れて。

（利用法）
●凍ったまま煮て、おでん、ぶり大根などの煮ものに。
●電子レンジで解凍してから焼いて、ステーキに。

すりおろしで冷凍

皮をむいてすりおろして、保存袋に入れて平らにのばして。

（利用法）
●常温で解凍して、しらすおろし、なめこおろし、納豆おろしなどあえものに。
●凍ったままポン酢に加えて、焼き魚や和風ハンバーグ、からみもちに。
●凍ったまま煮汁に入れて煮、鶏肉や魚のみぞれ煮、みぞれ鍋に。

葉をきざんで冷凍

葉のやわらかいところを、小口切りにして保存袋に入れて。

（利用法）
●凍ったまま煮汁に入れてみそ汁の彩りに。
●凍ったまま炒めて、チャーハンや炒めものの彩りに。
＊利用法→p181

173

乾燥保存　6か月

切り干し大根にすれば長期保存できる

大根は95％以上が水分なので、干すと、びっくりするほど少なくなってしまいますが、水分が抜ければカビたり腐ったりしないので、長期保存することができます。網に入る分ずつを、少しずつ作っていくとよいでしょう。

細切りにして、日中、5日程度、網に並べて風通しのいいところに干す。夜は屋内にとり込む。干もの用の網がおすすめ。ざるだと、とくに最後のころは風で飛んでしまうので注意。

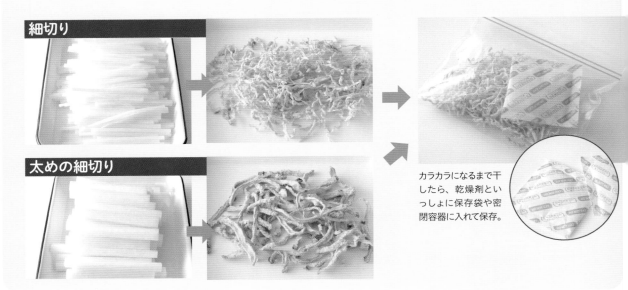

細切り

太めの細切り

カラカラになるまで干したら、乾燥剤といっしょに保存袋や密閉容器に入れて保存。

大根の品種を楽しむ

紅芯大根

中は紅色！

大根にはさまざまな品種があります。現在、もっとも一般的な「青首大根」は育てやすく味もよいと広まったもの。「練馬大根」は細長いのが特徴で、たくあん漬けなどの漬けもの向き。ふっくらとした「三浦大根」は、肉質が緻密でやわらかく、煮くずれしにくいので煮ものに向いています。また、最近は色のきれいな品種も人気。右の写真は「紅芯大根」で、外は白く中が紅色。外が赤く、中が白い品種もあります。

青首大根

練馬大根

三浦大根

紅芯大根は生食向き。薄切りにして、塩とオリーブオイルをかけるだけでもみずみずしくておいしい！

大根のゆでびたし

やさしい味がしっかりしみた大根は、ほかの食材のなじみもよく、応用がききます。時短でできる煮ものやあえもの、片栗粉をまぶしたバター焼きなどに。

材料（作りやすい分量）
大根…½本（800g）
めんつゆ（3倍希釈）…100cc　水…300cc
作り方
❶大根は長さを半分に切り、皮を厚めにむいて2cm厚さの半月切りにする。
❷鍋に①を入れ、水（分量外）をひたひたに注ぎ、強火にかける。沸騰したら中火にして竹串がスッと通るまで煮る。ざるに上げて水けをきる。
❸めんつゆと水を混ぜ、熱々の大根を入れてサッとからめる。大根が冷めるまでの間に1〜2回上下を返す。

大根のゆでびたしを使って

大根とベーコンの煮もの

材料（2〜3人分）
大根のゆでびたし…10個　ベーコン…3枚
作り方
❶ベーコンの長さを半分に切る。
❷耐熱容器に大根とベーコンを並べ、ふんわりとラップをかけて、電子レンジ（600W）で2〜3分加熱する。

大根のきのこあんかけ

材料（2〜3人分）
大根のゆでびたし…10個　しめじ…1パック
長ねぎ…½本　水…2カップ
めんつゆ…適量　おろししょうが…1かけ分
A（片栗粉…大さじ2　水…50cc）
作り方
❶しめじはほぐす。長ねぎは斜め薄切りにする。
❷鍋に水2カップと好みの味になるようにめんつゆを入れて、火にかける。沸騰したら①とおろししょうがを加えてふたをして煮る。火が通ったらよくかき混ぜたAを加えて、とろみをつける。
❸大根のゆでびたしを耐熱皿に並べ、ふんわりとラップをかけて電子レンジ（600W）で2〜3分加熱して温める。器に盛り、熱々の②をかける。

べったら漬け

冷蔵で1か月

材料（作りやすい分量）

大根…1本（正味1kg）
米…1と½合
米麹（乾燥）…200g
A ┌ 水…200cc
  └ 塩…大さじ3
赤とうがらしの輪切り…2～3本分
ホワイトリカー…適量

作り方

❶大根は皮をむき、長さを2～3等分に切り、縦四つ割りにする。
❷小鍋にAを入れて火にかける。塩が溶けたら火を止めて冷ます。
❸容器にポリ袋を入れ、大根を並べ入れる。②を加え、空気を抜いて口をしばる。

❹袋の上にバットをおき、3kgの重石をのせて2日間漬ける。重石の当たりが悪いところは大根を動かして、重さが均等にかかるようにする。

❺漬け床となる甘酒を作る。まず米麹を手でほぐしてバラバラにする。
❻米を洗いざるに上げて水けをきる。炊飯器の内釜に米を入れ、2合目まで水（分量外）を注ぎ普通に炊く。お粥モードがある場合は、お粥モードで炊く。
❼炊き上がったら大皿にとり出し、平らにならす。温度計で計って50～60℃まで冷ます。

50～60℃
くらい

❽冷めたら内釜に戻して保温にし、⑤を加え混ぜる。

❾ぬらしたふきんを内釜にかけ、ふたをあけたまま10～13時間おいて発酵させる。ふきんが乾いてきたらぬらしてまたかける。そのとき、上下をサッと返し、表面を平らにならす。黄色っぽくなり、甘くなってきたら漬け床の完成。

※大根がまだ漬かっていない場合は、清潔な保存容器に入れ常温で保存しておく。

⑩大根が漬かったらサッと水で洗う。ざるに並べ、風通しのいい日陰で1〜2時間干す。

⑪ホワイトリカーをバットに注ぎ、干した大根を1つずつ転がし表面をサッと洗う。

⑫ふたつきの保存容器か保存袋に大根の½量を並べ、漬け床の半量をまんべんなくかぶせて赤とうがらしの半量をのせる。残りの大根を並べ、漬け床の残りも同じようにかぶせて赤とうがらしの半量をのせる。冷蔵庫で1週間寝かせる。

1週間寝かす

食べごろ

5日間ぐらいで味がなじみだし、1週間で完成。

砂糖やみりんを使わない、米麹だけの昔ながらの作り方です。

大根のゆず漬け　冷蔵で1か月

材料（作りやすい分量）

大根…1本　　塩…大さじ3〜4

A┌酢…400cc　砂糖…130g

B┌昆布…5cm角×2枚　ゆず（輪切り）…1個分
　└種をとった赤とうがらし…1〜2本

作り方

①大根は皮つきのまま長さを3等分に切り、縦半分に切る。

②容器にポリ袋を広げ、袋の中で大根に塩をまんべんなくすり込む。全てすり込んだら袋の口を持ってゆすり、さらに塩をなじませる。

③袋の口をしばって、その上にバットをおいて2kgの重石をおき、水が上がってくるまで4〜5日間漬ける。重石の当たりが悪いところは大根を動かして調整する。

④ざるに大根を切り口を上にして並べ、半日ほど天日干しする。

⑤鍋にAを入れて火にかけ、砂糖が溶けたら火を止めて冷ます。

⑥ボウルにポリ袋を開き、大根を並べ、Bをちらし、⑤を注いで空気を抜くように口をしばる。

⑦袋の上にバットをおき、2kgの重石をのせ1週間おく。

食べごろ

1週間後。汁に漬かっている状態なら涼しい場所で1か月保存可能。心配な場合は保存容器に汁ごと入れて冷蔵庫で保存。

大根キムチ

冷蔵で2週間

④鍋に頭と腹をとり除いた煮干しと水を入れて30分ほどおき、火にかける。沸騰したらアクをとり、火を弱めて半量になるまで煮だす。煮干しはとり出し、だし汁は冷ます。

⑤Aとだし汁をなめらかになるまでミキサーにかける。長ねぎは縦半分に切り、斜め薄切りにする。

⑥大根がしんなりしてきたらざるにあけて水けをきり、表面の水けをふきとる。

⑦ボウルに⑥とBを入れて、大根が赤くなるまで両手でもみ込む。

⑧⑤を加え混ぜあわせて保存袋に入れ、常温で半日おいてからふたつきの容器に入れ、冷蔵庫で保存する。

材料（作りやすい分量）

大根…1本
塩…大根の重量の3％
煮干し…60g
水…300cc
A ┌ りんご…¼個
  │ （芯は除き、皮はついたまま）
  │ にんにく…1〜2かけ
  │ しょうが…1かけ
  │ いかの塩辛…50g
  │ アミの塩辛…大さじ2
  └ 砂糖…大さじ2
長ねぎ…½本
B ┌ 粉とうがらし、中とうがらし、
  └ 粗とうがらし…各大さじ1

作り方

❶大根は皮つきのまま2cm角に切る。
❷大根に塩をふりかけ、力を入れてしっかりともみ込む。

❸水が出るまでもんだら、中心に寄せてすき間なくならす。バットをおき、1.5kgの重石をのせてしんなりするまで1〜2時間漬ける。

中とうがらし

粗とうがらし

食べごろ
1週間〜10日で
味がしっかり
なじむ。

178

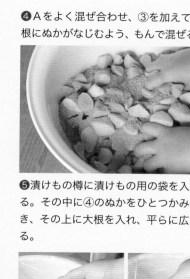

❹Aをよく混ぜ合わせ、③を加えて大根にぬかがなじむよう、もんで混ぜる。

❺漬けもの樽に漬けもの用の袋を入れる。その中に④のぬかをひとつかみ敷き、その上に大根を入れ、平らに広げる。

最初にぬかだけを入れる。　ぬかをまぶした大根を入れ平らにならす。

❻最後に残ったぬかを入れて平らにならし、中ぶたをし、体重をかけて上から押す。干した大根の3倍の重さの重石をおき袋の口を閉じる。遮光のため新聞紙で覆い冷暗所におく。水分が上がってきたら重石の重さを半分にする。

たくあんの切り漬け

1か月

材料（作りやすい分量）

大根…1本

A

- 米ぬか…乾燥後の大根の重量の15％
- 粗塩…乾燥後の大根の重量の6％
- ザラメ糖…乾燥後の大根の重量の3％
- 細くきざんだ昆布…5g
- 赤とうがらし（小口切り）…1本分
- あれば干した果物の皮（みかん、柿、りんごなど）…適量

作り方

❶大根は皮つきのまま縦四つ割りにし、一口大の乱切りにする。

❷手つきざるに①を入れ、熱湯にサッとくぐらせる。

❸ざるや干し網に重ならないように大根を並べ、風通しのいい場所に干す。夜はとり込み、7～10日間干す。

干しあがり

食べごろ

漬けて10日後ぐらいから食べられる。食べる分だけぬか床から出し、サッと水で洗う。残りは平らにならして落としぶたと重石をする。1か月ぐらいで食べきる。空気に触れるとカビが発生したり、味が悪くなったりするので注意。

大根と牛肉のすき煮

材料（作りやすい分量）
大根…½本
牛こま切れ肉…300g
牛脂…1個（10g）
サラダ油…大さじ1
A ┌ 水…200cc
　├ 和風だし（顆粒）…小さじ½
　├ 砂糖、しょうゆ…各大さじ2
　└ みりん…大さじ3

作り方
❶大根は皮をむいて7cm長さに切り、1cm幅の短冊切りにする。牛肉は食べやすく切る。
❷フライパンに牛脂、サラダ油を中火で熱し、牛肉を広げながら入れて炒める。火が通ったら皿にとり出す。
❸大根を入れて炒め、透き通ってきたらAと②を加えてサッと混ぜあわせる。煮立ったら弱火にしてふたをし、大根がやわらかくなるまで10分ほど煮る。途中で1〜2回、上下を返す。
❹ふたを外して、煮汁が半量になるまで煮詰める。

材料（作りやすい分量）
大根…½本
豚バラ薄切り肉…200g
しょうが…1〜2かけ
ごま油…大さじ½
塩、こしょう…各少々
水…400cc
和風だし（顆粒）…小さじ½
砂糖…大さじ1と½
しょうゆ…大さじ2

作り方
❶大根は厚めに皮をむき、1cm厚さの半月切りにする。豚肉は4cm幅に切って塩、こしょうで下味をつける。しょうがは皮をむいてせん切りにする。
❷鍋にごま油としょうがを入れて中火にかける。香りが出たら豚肉を入れて炒める。
❸豚肉に火が通ったら大根を加えて炒めあわせる。油が回ったら水と和風だしを加え、強火にする。
❹沸騰したらアクをとり、落としぶたをして弱めの中火で15分煮る。途中、上下を返す。
❺煮汁に砂糖を加え、上下を返す。再び落としぶたをして10分煮る。竹串がスッと通ったら落としぶたを外し、5分煮る。
❻しょうゆを全体に回しかけ、2〜3回上下を返し、5分ほど煮詰める。

豚バラ大根

肉のうまみを吸った甘辛の大根はとまらないおいしさ！

大根、小かぶの葉を楽しむ

大根や小かぶの葉は、栄養豊富。シャキシャキとした歯ごたえをいかして、おいしくいただきましょう。冷凍保存をしておけば（→p173）、彩りに使えて便利です。

外側の葉はとり除く

外側の葉は古いので、色が変わったりかたくなっていたりします。内側のやわらかな部分だけ選びましょう。

虫がいないかチェック

葉のつけ根に、アブラムシなどがついていることがあります。ギュッと開いてよく見ましょう。見つけたら洗い流して。

大根の葉の佃煮

材料（作りやすい分量）
大根の葉（内側のやわらかい部分）…200g
A［かつお節…20g　白ごま…大さじ1
酒、みりん、しょうゆ…各大さじ2　水…50cc
ごま油…小さじ1〜2
作り方
❶大根の葉は、5mm厚さの小口切りにする。
❷鍋に①を入れ、かぶるぐらいまで水を入れ強火にかける。沸騰したら中火にして3〜4分ゆで、ざるにとって水けを切る。
❸鍋に②とAを入れ、弱火で煮る。汁けがなくなったらごま油を回し入れ、サッと混ぜあわせる。

大根の葉のチャーハン

材料（作りやすい分量）
大根の葉（内側のやわらかい部分）の小口切り…1本分
溶き卵…2個分　桜えび…大さじ2　ご飯…2杯分
ごま油…大さじ2　塩、こしょう…各適量
しょうゆ…小さじ1
作り方
❶溶き卵に塩・こしょう各少々を入れて混ぜる。
❷フライパンにごま油大さじ1を中火で熱し、大根の葉を入れてしんなりするまで炒める。塩、こしょうを軽くふって下味をつけてとり出す。
❸残りのごま油をフライパンに足して中火にし、①を流し入れる。木べらなどで大きく混ぜ、半熟になったら、ご飯を加えて炒めあわせる。
❹桜えびと②を加えて炒めあわせ、塩、こしょう、しょうゆで味をととのえる。

part **4**

山菜

自生の草木を味わうには、少し手間がかかりますが
季節を運んでくれる山菜の滋味深い風味は、
心を豊かにしてくれるよう。
山菜とりは慣れないと見つけにくく、また判断しづらいので
まずはくわしい方と一緒に採取してください。

よもぎ

季節	春
場所	日当たりのいい山野の草地や道端に自生。繁殖力が強く、地下茎を伸ばしてふえ群生する。

香り高い、春の新芽を摘んで
よもぎもちや天ぷらに

　日本原産のキク科の多年草。特有の香りがあり、薬効成分が含まれるので、古くからお灸や漢方薬の原料に使われてきました。食用にできるのは、早春に摘んだ新芽。白い綿毛に覆われた新芽は、やわらかくアクが少ないのが特徴です。草もちやおひたしにする場合は、よもぎ特有のエグみをとるためにゆでてアク抜きをします。天ぷらはアク抜きせず、そのまま生の葉を使います。野山で摘むときは、猛毒のトリカブトと間違えやすいので注意しましょう。

葉の裏が白いのが特徴。やわらかい葉先を摘んで使う。

消費レシピ

ゆでてきざんだよもぎは、保存袋に入れて空気を抜いて冷凍すれば、1年ほど保存できます。

よもぎ団子

材料（作りやすい分量）
生のよもぎ（やわらかい葉先の部分）…80g
重曹…小さじ¼　　上新粉…250g
砂糖…20g　　熱湯…160〜200cc
ゆで小豆…適量　きな粉…適量

作り方
❶鍋にたっぷりのお湯を沸かし、重曹を入れる。よもぎを加えてサッとゆでたら冷水にとる。
❷10分ほど水にさらし、手でしっかりと水けを絞る。包丁で細かくきざみ、ひとかたまりになるまで細かくたたく。あればフードプロセッサーを使うとよい。
❸ボウルに上新粉と砂糖を入れてサッと混ぜる。熱湯を少しずつ回し入れ、ゴムべらで混ぜあわせて耳たぶぐらいのかたさにまとめる。
❹手で触れる熱さになったら②を加えてよく混ぜ、3cm程度の団子状に丸める。
❺鍋にたっぷりの湯を沸かし、団子を入れる。団子が浮き上がってきたらそこから3分ゆでて、冷水にとる。
❻軽く水洗いし、ざるにとって水けをきる。器に盛り、ゆで小豆を添えてきな粉をふる。

183

たけのこ

季節	春～初夏
場所	里山や山野などの竹林に群生。頭が地面から出るか出ないかのうちに収穫。

さまざまな種類があり地方の特産にも

　竹の地下茎から伸びた幼い茎を総称して「たけのこ」と呼びます。一般的に食用にされるのは中国江南地方原産の「孟宗竹（もうそうちく）」。ほかに孟宗竹より小型の「真竹（まだけ）」、細長い「淡竹（はちく）」、アクが少なく歯ざわりのいい「根曲がり竹」や「四方竹（しほうちく）」などがあり、特産になっている地域もあります。

すぐに食べない場合は
ゆでで水に入れて冷蔵保存

　地域差がありますが、孟宗竹がよくとれるのは3月～5月初旬。地面から頭が見えるか見えないかのうちに、クワやスコップで掘り起こします。
　とれたてのやわらかいものは、そのまま焼いたりゆでたりして食べますが、すぐに食べないときには、ゆでて保存します。また、鮮度が落ちたものは、米ぬかを入れてゆで、アク抜きをします。ゆでたあとは、水にひたして冷蔵保存を。水は毎日とりかえ、3～5日で食べきりましょう。

淡竹
5月中旬～6月上旬に収穫できる。高知県では、淡竹とえんどうの煮ものが定番料理。

根曲がり竹
地域により「姫竹」「月山筍（がっさんだけ）」などとも呼ばれる。5～6月が旬。みそ汁に入れて食べることが多い。

たけのこのゆで方

❶たけのこは外の皮を2～3枚むき、根元のかたい部分と穂先5cmほどを斜めに切り落とす。
❷皮に、縦に2～3cm深さの切り目を入れる。
❸鍋にたけのこを入れ、水をひたひたに入れる。米ぬかひと握り程度、赤とうがらし1本を入れ、火にかける。
❹沸騰したら落としぶたをし、弱火で40～60分ゆでる。
❺たけのこに竹串がすっと通るようになったら火を止め、そのまま冷ます。冷めたら皮をむいて水につけて保存する。

先を切り落として
切り目を入れる。

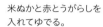

米ぬかと赤とうがらしを
入れてゆでる。

さんしょう

| 季　節 | 若芽は春、実は初夏、完熟の実は秋 |
| 場　所 | 山地の雑木林などに自生する。雄株と雌株があり、花のあとに、雌株のみ実をつける。 |

ピリッとした
さわやかな辛みで食欲増進

　香辛料にも用いられるミカン科の落葉低木。「木の芽」と呼ばれる若葉は料理の飾りや木の芽あえに、未完熟の緑色の実は佃煮に、完熟した実は粉さんしょうにと、あますことなくいただけます。ピリッとした辛みのもとは「サンショオール」と呼ばれる成分で、さわやかな香りが食欲を増進。漢方では消化促進を助ける健胃薬として用いられてきました。未完熟の実の収穫期は、香りが一番高い6月ごろ。塩ゆでし、アク抜きして冷凍保存すると一年中使えます。

たけのこの木の芽あえ。旬の食材を組み合わせた、京都の春の郷土料理。

ふき

| 季　節 | 春〜初夏 |
| 場　所 | 山野の土手や道端、河川の土手や用水路の周辺など、やや湿ったところに自生。 |

香りよい日本原産野菜のひとつ

　キク科の多年草で、早春に出回るふきのとう（→p186）は花蕾にあたり、花が終わったあとに地下茎から伸びる、大きな葉と長い茎（葉柄）を食用します。茎はさわやかな香りとほろ苦い味、サクサクとした歯応えが特徴。手に入ったら葉と茎を切り分け、茎は塩をふって板ずりし、そのまま熱湯でゆで、水にさらしてアクをとり、外側のすじをむいてから調理します。アクが強いときは、そのまま水に放して半日ほどおいてから調理を。アクの強い葉も、塩ゆでして水に放してアクを抜き、きざんで佃煮や炒め煮などに。

茎はしょうゆと砂糖などで煮るきゃらぶきなどに。

ふきのとう

季 節	春
場 所	山野の土手や道端、河川の土手や用水路の周辺など、やや湿ったところに自生。

春の訪れを告げる
かわいらしい小さな花蕾

　ふきの花の蕾（つぼみ）で、独特の香りとさわやかな香りは、冬の間にたるんだ身体をシャキッと目覚めさせてくれるとも。花が咲く前の蕾を見つけたら、地下茎を抜かないように根元を切って収穫。生で使える天ぷら以外は、とりたてを素早く下処理します。塩をひとつまみ入れた熱湯でゆで、水にさらしてアクを抜いてから調理します。みそで炒めた「ふきみそ」や佃煮、あえものにおすすめ。花が咲いた茎も熱湯でゆでれば、おひたしや炒めもので味わえます。

きざんだふきのとうと、みそや砂糖などを炒め合わせたふきのとうみそ。

のびる

季 節	春
場 所	日の当たる畑の道端や堤防、草原、雑木林などに生育する。

シャキシャキとした食感で
酒のつまみにも最適

　ユリ科の多年草で、かむと口の中がひりひりする（ヒル）ことで「野のヒル」と呼ばれたとも言われています。ねぎのような葉はにらに似た香り、白い球根はエシャレットを思わせるシャキシャキの食感が特徴です。とるときは、根元から束ねて引き抜きます。土をきれいに洗えば生食も可能ですが、ツンとした刺激臭が気になるなら、葉と球根を熱湯でサッとゆでます。シンプルにみそをつけて酒のつまみや、おひたしや酢みそあえにも。

きれいに洗って、酢みそやみそマヨネーズなどでいただく。素揚げもおいしい。

ぜんまい

季　節	春〜初夏
収　穫	土手や野原、湿った林の中など、水けの多いところに好んで生息する。

ふわふわの綿毛に覆われた
渦巻状の若葉をいただく

　日本全土に自生する多年草。春から初夏にかけて渦巻状の葉を食用にします。葉の渦巻に綿毛がついている幼葉を採取します。「女ぜんまい」と女ぜんまいより大ぶりの「男ぜんまい」があり、女ぜんまいがよりおいしいと言われています。アクが強いため、下処理が不可欠。熱湯に重曹とぜんまいを入れて加熱し、沸騰直前に火を止めて鍋の中で冷まします。水を替えて、ひと晩水にさらしてから調理に使います。煮ものやあえものに。

ゆでたぜんまいを乾燥させれば、1年ほど保存できる。

わらび

季　節	春〜初夏
場　所	日当たりのいい山地や丘陵、草地、原野などに群生していることが多い。

やわらかな若芽を味わう
山菜の代表選手

　平安時代にはすでに食用にされていたというわらびは、日本人にはなじみの山菜。根には良質のでんぷんが含まれ、わらびもちの原料になっています。収穫時期は3〜5月ごろ。茎の根元近くを折ります。アクで汚れるので手袋をはめて収穫するとベター。アクが強いため下処理してから調理します。重曹を入れた熱湯をわらびに注いで冷まします。水をかえて、ひと晩水にさらしてから使います。炊き込みご飯や汁の実、おひたしなどにおすすめです。

旬の風味を楽しめるおひたし。ゆですぎるとくずれてしまうので気をつけて。

187

こごみ

季　節	春〜初夏
場　所	草原や山地、日陰地などに多く、湿っぽい林床や渓流沿いなどに群生する。

わらびよりも調理が楽！
独特のぬめりがおいしい

　人がかがむ姿に似ていることからこごみと呼ばれ、正式名称は「クサソテツ」。4〜5月ごろに渦巻状の若芽を食用にします。10〜15cmほどが収穫適期で、伸びすぎたり葉が開いたものは食べられません。わらびに似た独特のぬめりがあるのが特徴です。わらびやぜんまいと同じシダ植物ですが、クセがなく、アク抜きせずに簡単に調理できるのが魅力。あえものやおひたしなどは、熱湯でゆでてから調理、天ぷらは生の状態で衣をつけて揚げます。

旬のやわらかいこごみは、さっとゆでておひたしやあえものにするのがおいしい！

うど

季　節	春〜初夏
場　所	丘陵や山麓、雑木林、山野の林縁など日当たりのよい場所か半日陰の傾斜地などに自生。

すっきりとした香りと
サクサクの食感が魅力

　日本各地に自生する多年草で、天然ものは「山うど」といいます。市販のうどは、日光を遮断して白く育てた「軟化栽培」のもので、香りは山うどのほうが濃厚です。生でも食べられますが、アクが強いので、皮を厚めにむいて切ったそばから酢水にさらして使います。特有の香りとサクサクとした歯ごたえをいかして、きんぴらやサラダ、酢のものがおすすめ。上部の若葉は天ぷらでいただきます。

山うどのきんぴら。やや淡白なので、油のコクがよく合います。

せり

季　節	冬〜春
場　所	田んぼのあぜ道や小川の縁、湿地や溝など水場に群生している。野菜としても栽培される。

春の七草でおなじみ
さわやかな香りが食欲をそそる

　春の七草のひとつ、水際に群生するセリ科の多年草。小さなてのひらのような葉が、たくさん集まってつきます。20〜30cmくらいのものをナイフなどで地際からカットして収穫します。アクがあるので、熱湯でサッとゆでたあと、水にさらしてから使います。ゆでたせりは、香りを楽しむおひたしや吸いもの、混ぜご飯などにおすすめ。油との相性もよく、炒めものや鍋もの、かき揚げなどの天ぷらにはアクをとらず生のまま使えます。

風味豊かなせりとしらすのご飯。ゆでたせりを細かくきざんでご飯に混ぜます。もちろんおかゆにもピッタリ。

うわばみそう（みず）

季　節	春〜初夏
場　所	日当たりの悪い渓流、沢水が流れる渓流の岩壁などに見られるほか、丘陵、山地などにも。

みずみずしい食感と粘りけがおいしい

　大蛇（うわばみ）が住みそうなところに生息していることから命名。東北地方では「みず」と呼ばれ、くせがなく、アクも少ないため、いろいろな料理に使えて重宝されています。みずみずしくシャキシャキとした食感の茎や、ぬめりのある根元などを食用します。根元の色によって「赤みず」と「青みず」があり、赤みずには秋に葉の根元が肥大してむかごができます。茎は皮をむいて熱湯でゆで、水につけてアクを抜きます。そのあと、おひたしや煮もの、サラダなどに。むかごもゆでてあえものなどで。

←左は赤みずの茎、
↑上の写真はむかご。

タラの芽

季　節	春
場　所	日当たりのよい山野に自生するほか、土手や林、やぶの中、高原でも見られる。

香り豊かな「山菜の王様」は
アクが少なく調理も簡単

　全国各地に見られる落葉低木のタラノキの新芽のこと。6㎝ほどの大きさの若葉の開ききらないものが食べごろで、二番芽以降が芽吹く夏ごろまで収穫が楽しめます。とげがあるので、手袋をはめて採取しましょう。

　アクが少ないため下処理がいらないのがうれしいところ。山菜が苦手な人にもおすすめ。熱湯でゆでて、おひたしやあえものに。また、定番の天ぷらがやっぱり美味。塩を加えた湯でかためにゆでて、冷凍保存もできます。

タラの芽といえば、天ぷらがおいしい！

こしあぶら

季　節	春〜初夏
場　所	深山のブナ林帯から山里近くの雑木林や林道脇などで自生していることが多い。

上品な香りとほろ苦さが
魅力の「山菜の女王」

　タラノキと同じくウコギ科の仲間で、山菜の中でも別格のおいしさを持つことで「女王」と呼ばれるように。かつて、この木の樹脂を絞ってこしたものを塗料にしていたため「濾油（こしあぶら）」と名づけられました。タラの芽と同様にアク抜きがいらず、天ぷらで食べるのが定番。ゆでて、おひたしやあえものにするのもおすすめです。せりのようなほろ苦さと上品な香りがおいしさの命で、入手したら新鮮なうちに調理するか、ゆでて冷凍保存がおすすめ。

みずみずしい新芽。根元のはかまをとって調理する。

つくし

季　節	春
場　所	日当たりのよい山地や野原、田畑のあぜ道、土手などに多く群生。

里山に春を告げるスギナの胞子茎

　スギナの胞子茎で、つくしの周囲にスギナが育ちます。つくしはまだ若く、頭がしまっているものがおすすめ。頭が開いたものも食べられますが風味が弱くなっています。根元からボキッと摘みとり、とったものは当日中に下処理をすませましょう。はかまは全て手でとり除き、沸騰した湯に入れてさっとゆで、水にとります。何度か水を替えてアクを抜き、卵とじや佃煮、炒めもの、混ぜご飯などにしていただきます。天ぷらにするときは、はかまをとってゆでずに衣をつけて揚げます。

ほろ苦さがおいしい、つくしの佃煮。

うるい

季　節	初夏
場　所	湿り気のある山地、林道、渓流沿いなど。

くせのない食べやすい山菜
ゆでると出るぬめりもおいしい

　ユリ科のオオバギボウシの若芽が「うるい」で、やわらかな葉とシャキシャキした柄の歯ごたえ、さわやかな緑色で季節感を楽しみます。アクやくせのない、食べやすい山菜で、柄のやわらかい部分を根元から切りとり、青菜類と同様に調理します。ゆでると軽いぬめりが出て、おひたしや酢みそあえがおいしく、いかやほたるいかなどと一緒にあえるのも定番です。近年、東北地方では栽培もされていて、市場にも出回るようになりました。

酢みそあえが定番。ごまあえ、みそマヨネーズあえもおすすめ。

栽培監修

加藤正明 かとう まさあき

東京都練馬区農業体験農園「百匁の里」園主。東京都指導農業士。日本野菜ソムリエ協会ジュニア野菜ソムリエ。34歳まで民間企業に勤務したのち、家業の農業を継ぐ。2005年に「百匁の里」を開園、野菜づくりのノウハウからおいしい食べかたまで伝授している。野菜ソムリエ協会主催の第2回ベジタブルサミット枝豆部門で最高得点を得て入賞。NHK趣味の園芸「やさいの時間」では、番組開始時より栽培管理と講師を務める。著書に『野菜作り 達人のスゴ技100』(NHK出版)、『加藤流 絶品野菜づくり』(万来舎)、監修に『達人が教える! 農家直伝 おいしい野菜づくり』(小社刊)がある。

料理・レシピ作成

池上正子 いけがみ まさこ

冷凍保存・調理のスペシャリストとして人気。短大卒業後、調理師専門学校、製菓専門学校を経て、フランス料理店に勤務。2002年、イタリアに留学し、トスカーナ地方の家庭料理を中心に学ぶ。帰国後、老舗精進料理店に勤務したのち、料理研究家として独立。テレビ、雑誌、書籍を中心に活躍。著書に『ラクラク、おいしい! 下味冷凍ワザあり便利帳』『野菜たっぷり 下味冷凍パスタ』(ともに小社刊)、『冷凍するだけ つくりおき』(学研プラス)など。

STAFF

撮影	渡辺七奈、加藤正明
スタイリング	二野宮友紀子
調理アシスタント	是井千恵、伊藤優子
イラスト	小春あや
カバーデザイン	Non design 小島トシノブ
本文デザイン	井寄友香
執筆協力	植松まり、後藤あや子
編集協力	株式会社スリーシーズン(奈田和子)
校正	くすのき舎
DTP	編集室クルー

●写真提供 PIXTA、photolibrary、農林水産省「うちの郷土料理」、山形県

農家直伝
たくさんとれた野菜の保存と料理

2021年4月10日 第1刷発行

監修者	加藤正明
著者	池上正子
発行者	永岡純一
発行所	株式会社永岡書店
	〒176-8518
	東京都練馬区豊玉上1-7-14
代表	03(3992)5155
編集	03(3992)7191
印刷・製本	クループリンティング

ISBN978-4-522-43798-8 C2076